W0300999

Grammatica italiana per tutti

Von Gerhard Kirsten und Barbara Mack
unter Mitwirkung von Franco Acanfora

Ernst Klett Verlag

Grammatica italiana per tutti

Von Studiendirektor Dr. Gerhard Kirsten, Idstein im Taunus;
Barbara Mack, Verlagsredakteurin;
unter Mitwirkung von Franco Acanfora, Lehrbeauftragter
am Italienischen Kulturinstitut, Stuttgart.

ISBN 3-12-526220-8

1. Auflage 1 13 12 11 | 1991 90 89

Alle Drucke dieser Auflage können im Unterricht nebeneinander benutzt werden; sie sind untereinander unverändert. Die letzte Zahl bezeichnet das Jahr dieses Druckes.
© Ernst Klett Verlage GmbH u. Co. KG, Stuttgart 1976.
Umschlaggestaltung: Gebhardt und Lorenz, Stuttgart-Korntal.
Druck: Gutmann + Co. GmbH, Heilbronn. Printed in Germany.

Inhalt

Die italienische Sprache

Das Italienische gehört wie das Französische, Spanische, Portugiesische und Rumänische zu der Gruppe der romanischen Sprachen. Es ist aus der lateinischen Umgangssprache, dem sogenannten *Volgare,* entstanden. Diese Sprache des Volkes bestand bereits zur Zeit Ciceros neben der Literatensprache, dem klassischen Latein.

1. Mit der Auflösung des Römischen Reiches gewann die Vulgärsprache immer größere Bedeutung und ersetzte nach und nach das klassische Latein auch in seiner Funktion als Schriftsprache.

Dieses *Volgare* unterscheidet sich vom klassischen Latein

a) durch Veränderungen in den grammatischen Strukturen (Verlust des Neutrums; Ersatz der Deklination durch präpositionale Umschreibungen; neue Futurform; zweite, mit Hilfsverben zusammengesetzte Perfektform, usw.)

b) durch Veränderungen im Wortschatz, z. B.

Klassisches Latein		Vulgärlatein	Italienisch
domus	Haus	casa	casa
pulcher	schön	bellus	bello
equus	Pferd	caballus	cavallo
ignis	Feuer	focus	fuoco
edere	essen	manducare	mangiare

2. Germanische Ausdrücke haben sich bereits in der ausgehenden Kaiserzeit in Italien festgesetzt. In den nächsten Jahrhunderten folgen die gotischen, langobardischen und fränkischen Lehnwörter. Sie stammen meist aus dem militärischen Bereich, z. B.

Italienisch		Germanisch	Vgl. Deutsch
guerra	Krieg	werra	wirr
tregua	Waffenstillstand	treuwa	Treue
guardia	Wache	wahtari	Wächter
albergo	Hotel	heriberga	Herberge
roba	Sachen, Zeug	raubon	rauben

3. Unter dem Einfluß der provenzalischen und französischen Literatur des Mittelalters dringen Gallizismen in die sich bildende italienische Schriftsprache ein. Sie stammen meist aus dem höfischen Leben, z. B.

cavaliere	Ritter, Kavalier	torneo	Turnier, Wettbewerb
donzella	(Edel-)fräulein	liuto	Laute
avventura	Abenteuer	viola	Kniegeige, Bratsche

4. Beziehungen zum Orient lassen arabische Ausdrücke einfließen. Sie betreffen vor allem Seefahrt, Handel und die aus dem Levantehandel stammenden Waren, z. B.

scirocco	Schirokko (Südostwind)	fardello	Bündel, Ballen
ammiraglio	Admiral	sensale	Makler
dogana	Zoll	zafferano	Safran
tariffa	Tarif	ottone	Messing
magazzino	Lager	azzurro	blau(es Mineral)

Die Bedeutung der Araber in einigen Wissenschaftszweigen führt zur Übernahme von *algebra* und *cifra.* Arabismen sind auch *albicocca* Aprikose, *arancia* Orange, *carciofo* Artischocke und *spinaci* Spinat.

5. Durch alle diese Einflüsse angereichert, wird das *Volgare* seit dem 10. Jahrhundert als Schriftsprache verwendet. Es stellt aber vorerst keine Einheit dar, sondern besteht aus einer Reihe von Dialekten.
Im 14. Jahrhundert gelingt es Florenz schließlich, eine Vorrangstellung zu gewinnen. Die zentrale Lage der Stadt inmitten der Halbinsel und ihre wirtschaftliche Macht im Mittelalter sind dabei genauso ausschlaggebend wie das Wirken der großen Dichter Dante, Petrarca und Boccaccio, die das Toskanische in den Rang der Landessprache erheben.

6. Im Laufe der Jahrhunderte wirkten starke Einflüsse auch aus anderen Landschaften, und schließlich dürfen unter den Quellen, die das Italienische gespeist haben, das von den Humanisten wiederentdeckte klassische Latein und das Kirchenlatein nicht vergessen werden.

7. In den letzten hundert Jahren hat sich der Wortschatz des Italienischen beträchtlich erweitert. Mit der modernen Wissenschaft und Technik entstanden zahlreiche neue Fachausdrücke. Man bildete, wie in anderen modernen Sprachen, mit Hilfe des Lateinischen oder Griechischen Wörter wie *automobile, aviazione, determinismo, redazione, telefono, telegrafo.*

8. Gleichzeitig fanden infolge des ständig zunehmenden Austausches zwischen den europäischen Völkern zahlreiche Wörter aus anderen Sprachen Eingang in das Italienische, wobei das Französische immer noch dominiert, z. B. *sciovinismo, sabotaggio, cocotte, décolleté.* Das Englische lieferte zahlreiche Ausdrücke aus Politik und Sport, z. B. *meeting, trust, derby, football, goal, sprinter.* Aus dem Deutschen übernahm das Italienische philosophische Begriffe wie *weltanschauung* und *kulturgeschichte,* daneben im Rahmen des Fremdenverkehrs Ausdrücke wie *edelweiss, crauti* und *strudel.*

9. Innerhalb der italienischen Landschaften geht seit der Begründung der nationalen Einheit Italiens (1861/70) starker sprachlicher Einfluß von Rom aus. Durch Presse und Verwaltung, und in jüngster Zeit auch durch Radio und Fernsehen, wird die italienische Sprache sehr stark von der Hauptstadt her vereinheitlicht. Römisch sind Wörter wie *maccaronata* und *spaghettata,* die die Freude an einem genüßlichen Mahl zum Ausdruck bringen; und aus der römischen Küche stammen Gerichte wie *abbacchio* und *saltimbocca.* Der Journalismus hat eine Wortbildung wie *fattacci* aufgegriffen und berichtet unter dieser Rubrik über die Verbrechen des Tages.

10. Nicht unbeträchtlich ist der Beitrag, den das Italienische für den deutschen Wortschatz geleistet hat. Dabei sind insbesondere zwei Bereiche zu nennen: die Musik und das Bankwesen. Dem ersten sind die italienischen Lehnwörter *Fuge, Sonett, Oper, Violoncello, Mandoline, Libretto* zuzuordnen, dem zweiten Begriffe wie *Konto, Risiko, Spesen, Bankrott, Faktura* und *Null.* Auch das deutsche *Bank* ist in der Bedeutung „Geldinstitut" ein italienisches Lehnwort; *Bank* in der Bedeutung „Sitzgelegenheit" hatte aber das Italienische bereits Jahrhunderte zuvor von den Langobarden übernommen.

So ist die Wechselwirkung zwischen den einzelnen Sprachen ein uraltes Phänomen, das aber heute durch die Massenmedien und den Tourismus ganz besondere Bedeutung erlangt. Wie andere Sprachen hat das Italienische die sich aufdrängenden Einflüsse zu integrieren oder abzustoßen und in diesem Prozeß seine Fähigkeit zur eigenständigen Entwicklung unter Beweis zu stellen.

Die Wortbetonung (L'accento)

Im Italienischen liegt der Hauptton in der Regel auf der vorletzten Silbe, z. B.

buono	leggero	ragazzo	malgrado	parlare	parlavamo
secondo	italiano	settimana	facilmente	venire	venuto

Abweichende Betonungen

1. Eine Reihe von Wörtern haben den Hauptton auf der drittletzten Silbe, z. B. giovane, facile, ventesimo, tavola, stupidaggine, telefono, Genova, Veneto
   Dazu gehören auch folgende Verbformen:
   a) 3. Person Plural (außer im Futur): parlano, parlerebbero — Aber: parleranno
   b) 1. Person Plural im Konjunktiv Imperfekt: parlassimo, avessimo, fossimo
   c) Infinitiv der meisten Verben auf *-ere* (vgl. § 6): credere, battere, ridere
   Vgl. auch § 4 (Besonderheiten bei Verben auf *-are)*
2. Bei einigen Wörtern liegt der Hauptton auf der letzten Silbe. Die Betonung wird durch einen Akzent gekennzeichnet: città, gioventù, caffè, più, perchè
   Das ist z. B. auch der Fall
   a) bei der 1. und 3. Person Singular im Futur: parlerò, parlerà
   b) bei der 3. Person Singular im Passato remoto: parlò, credè, sentì

Beachte

Angehängte Personalpronomen (vgl. §§ 90—92) haben keinen Einfluß auf die Betonung der Verbformen: mostra — mostraglielo, battere — battersela

Das Verb (Il verbo)

Die Formen des Verbs (Le forme del verbo)

Die Konjugation

Im Italienischen gibt es
1. die unregelmäßigen Hilfsverben *avere* (vgl. § 1) und *essere* (vgl. § 2)
2. regelmäßige und unregelmäßige Vollverben
a) auf *-are,* z. B. parlare, mandare (vgl. § 3—4); andare
b) auf *-ere,* z. B. credere, temere (vgl. § 5—6); piacere
c) auf *-ire,* z. B. partire, finire (vgl. § 7—8); venire
(andare, piacere, venire: vgl. § 136)

Das italienische Verb hat für jede Person (außer im Singular des Konjunktivs) eine eigene Endung. Es wird gewöhnlich ohne Personalpronomen gebraucht: parlo ich spreche

Die Konjugation des Hilfsverbs »avere« 1

Infinitiv *(Infinito):* avere; aver(e) avuto
Gerundium *(Gerundio):* avendo; avendo avuto
Partizip Präsens *(Participio presente):* avente, -i (selten gebraucht, vgl. § 43)
Partizip Perfekt *(Participio passato):* avuto, -a, -i, -e

	Indikativ *(Indicativo)*	
	Präsens *(Presente)*	Perfekt *(Passato prossimo)*
io	ho	ho avuto
tu	hai	hai avuto
egli	ha	ha avuto
noi	abbiamo	abbiamo avuto
voi	avete	avete avuto
essi	hanno	hanno avuto
	Imperfekt *(Imperfetto)*	Plusquamperfekt *(Trapassato prossimo)*
io	avevo	avevo avuto
tu	avevi	avevi avuto
egli	aveva	aveva avuto
noi	avevamo	avevamo avuto
voi	avevate	avevate avuto
essi	avevano	avevano avuto
	Passato remoto	*Trapassato remoto*
io	ebbi	ebbi avuto
tu	avesti	avesti avuto
egli	ebbe	ebbe avuto
noi	avemmo	avemmo avuto
voi	aveste	aveste avuto
essi	ebbero	ebbero avuto
	Futur I *(Futuro semplice)*	Futur II *(Futuro anteriore)*
io	avrò	avrò avuto
tu	avrai	avrai avuto
egli	avrà	avrà avuto
noi	avremo	avremo avuto
voi	avrete	avrete avuto
essi	avranno	avranno avuto

Konjunktiv *(Congiuntivo)*	
Präsens *(Presente)*	Perfekt *(Passato)*
abbia	abbia avuto
abbia	abbia avuto
abbia	abbia avuto
abbiamo	abbiamo avuto
abbiate	abbiate avuto
abbiano	abbiano avuto
Imperfekt *(Imperfetto)*	Plusquamperfekt *(Trapassato)*
avessi	avessi avuto
avessi	avessi avuto
avesse	avesse avuto
avessimo	avessimo avuto
aveste	aveste avuto
avessero	avessero avuto

Imperativ *(Imperativo)*	
abbi	habe ...!
abbia	haben Sie ...!
abbiamo	haben wir ...!
abbiate	habt ...!
abbiano	haben Sie ...!

Konditional I *(Condizionale presente)*	Konditional II *(Condizionale passato)*
avrei	avrei avuto
avresti	avresti avuto
avrebbe	avrebbe avuto
avremmo	avremmo avuto
avreste	avreste avuto
avrebbero	avrebbero avuto

Die Konjugation des Hilfsverbs »essere« 2

Infinitiv *(Infinito):* essere; esser(e) stato
Gerundium *(Gerundio):* essendo; essendo stato
Partizip Präsens *(Participio presente):* (fehlt)
Partizip Perfekt *(Participio passato):* stato, -a, -i, -e

	Indikativ *(Indicativo)*		
	Präsens *(Presente)*	Perfekt *(Passato prossimo)*	
io	sono	sono	stato
tu	sei	sei	stato
egli	è	è	stato
noi	siamo	siamo	stati
voi	siete	siete	stati
essi	sono	sono	stati
	Imperfekt *(Imperfetto)*	Plusquamperfekt *(Trapassato prossimo)*	
io	ero	ero	stato
tu	eri	eri	stato
egli	era	era	stato
noi	eravamo	eravamo	stati
voi	eravate	eravate	stati
essi	erano	erano	stati
	Passato remoto	*Trapassato remoto*	
io	fui	fui	stato
tu	fosti	fosti	stato
egli	fu	fu	stato
noi	fummo	fummo	stati
voi	foste	foste	stati
essi	furono	furono	stati
	Futur I *(Futuro semplice)*	Futur II *(Futuro anteriore)*	
io	sarò	sarò	stato
tu	sarai	sarai	stato
egli	sarà	sarà	stato
noi	saremo	saremo	stati
voi	sarete	sarete	stati
essi	saranno	saranno	stati

Konjunktiv *(Congiuntivo)*		
Präsens *(Presente)*	Perfekt *(Passato)*	
sia	sia	stato
sia	sia	stato
sia	sia	stato
siamo	siamo	stati
siate	siate	stati
siano	siano	stati
Imperfekt *(Imperfetto)*	Plusquamperfekt *(Trapassato)*	
fossi	fossi	stato
fossi	fossi	stato
fosse	fosse	stato
fossimo	fossimo	stati
foste	foste	stati
fossero	fossero	stati

Imperativ *(Imperativo)*	
sii	sei ...!
sia	seien Sie ...!
siamo	seien wir ...!
siate	seid ...!
siano	seien Sie ...!

Konditional I *(Condizionale presente)*	Konditional II *(Condizionale passato)*	
sarei	sarei	stato
saresti	saresti	stato
sarebbe	sarebbe	stato
saremmo	saremmo	stati
sareste	sareste	stati
sarebbero	sarebbero	stati

Die Konjugation der Verben auf -are 3

Infinitiv *(Infinito):* parl**are**; aver(e) parlato
Gerundium *(Gerundio):* parl**ando**; avendo parlato
Partizip Präsens *(Participio presente):* parl**ante**, -i (selten gebraucht, vgl. § 43)
Partizip Perfekt *(Participio passato):* parl**ato**, -a, -i, -e

	Indikativ *(Indicativo)*	
	Präsens *(Presente)*	Perfekt *(Passato prossimo)*
io	parl**o**	ho parlato
tu	parl**i**	hai parlato
egli	parl**a**	ha parlato
noi	parl**iamo**	abbiamo parlato
voi	parl**ate**	avete parlato
essi	parl**ano**	hanno parlato
	Imperfekt *(Imperfetto)*	Plusquamperfekt *(Trapassato prossimo)*
io	parl**avo**	avevo parlato
tu	parl**avi**	avevi parlato
egli	parl**ava**	aveva parlato
noi	parl**avamo**	avevamo parlato
voi	parl**avate**	avevate parlato
essi	parl**avano**	avevano parlato
	Passato remoto	*Trapassato remoto*
io	parl**ai**	ebbi parlato
tu	parl**asti**	avesti parlato
egli	parl**ò**	ebbe parlato
noi	parl**ammo**	avemmo parlato
voi	parl**aste**	aveste parlato
essi	parl**arono**	ebbero parlato
	Futur I *(Futuro semplice)*	Futur II *(Futuro anteriore)*
io	parl**erò**	avrò parlato
tu	parl**erai**	avrai parlato
egli	parl**erà**	avrà parlato
noi	parl**eremo**	avremo parlato
voi	parl**erete**	avrete parlato
essi	parl**eranno**	avranno parlato

Konjunktiv *(Congiuntivo)*	
Präsens *(Presente)*	Perfekt *(Passato)*
parl**i**	abbia parlato
parl**i**	abbia parlato
parl**i**	abbia parlato
parl**iamo**	abbiamo parlato
parl**iate**	abbiate parlato
parl**ino**	abbiano parlato
Imperfekt *(Imperfetto)*	Plusquamperfekt *(Trapassato)*
parl**assi**	avessi parlato
parl**assi**	avessi parlato
parl**asse**	avesse parlato
parl**assimo**	avessimo parlato
parl**aste**	aveste parlato
parl**assero**	avessero parlato

Imperativ *(Imperativo)*	
parl**a**	sprich!
parl**i**	sprechen Sie!
parl**iamo**	sprechen wir!
parl**ate**	sprecht!
parl**ino**	sprechen Sie!

Konditional I *(Condizionale presente)*	Konditional II *(Condizionale passato)*
parl**erei**	avrei parlato
parl**eresti**	avresti parlato
parl**erebbe**	avrebbe parlato
parl**eremmo**	avremmo parlato
parl**ereste**	avreste parlato
parl**erebbero**	avrebbero parlato

Besonderheiten bei Verben auf -are — 4

1. Betonung

Bei einer Reihe von Verben auf *-are* liegt der Ton im Singular Präsens auf der drittletzten Silbe und in der 3. Person Plural des Präsens auf der viertletzten Silbe.

Ind. Präs.	telefono,	telefoni,	telefona,	telefoniamo,	telefonate,	telefonano
Konj. Präs.	telefoni,	telefoni,	telefoni,	telefoniamo,	telefoniate,	telefonino
Imperativ		telefona,	telefoni,	telefoniamo,	telefonate,	telefonino

abitare (abito)
accomodare (accomodo)
celebrare (celebro)
desiderare (desidero)
dubitare (dubito)
immaginarsi (m'immagino)
liberare (libero)
ordinare (ordino)
visitare (visito)

2. Aussprache und Schreibung

	1. Verben auf *-care* und *-gare*		2. Verben auf *-ciare* und *-giare*	
	mancare	pagare	cominciare	mangiare
Präsens Indikativ	manco [ko] man**chi** [ki] manca [ka] man**chi**amo mancate mancano	pago [go] pa**ghi** [gi] paga [ga] pa**ghi**amo pagate pagano	comincio [tʃo] cominci [tʃi] comincia [tʃa] cominciamo cominciate cominciano	mangio [dʒo] mangi [dʒi] mangia [dʒa] mangiamo mangiate mangiano
Konjunktiv Präsens	man**chi** etc. man**chi**no	pa**ghi** etc. pa**ghi**no	cominci etc. comincino	mangi etc. mangino
Futur	man**che**rò [ke] etc. man**che**ranno	pa**ghe**rò [ge] etc. pa**ghe**ranno	comincerò [tʃe] etc. cominceranno	mangerò [dʒe] etc. mangeranno
Konditional	man**che**rei	pa**ghe**rei	comincerei	mangerei

1. Bei Verben auf *-care* und *-gare* ist die Aussprache von *c* und *g* immer [k] und [g]; vor *i* oder *e* der Endung wird *ch* und *gh* geschrieben.
2. Bei Verben auf *-ciare* [tʃare] und *-giare* [dʒare] hat das *i* keinen eigenen Lautwert; es entfällt vor *i* und *e* der Endung.

Beachte. Bei Verben auf *-iare,* z. B. *studiare, tagliare,* entfällt *i* vor *i* der Endung:
studio, studi, studia, studiamo, studiate, studiano; studi, . . ., studino

Ausnahme: Bei einigen Verben, z. B. *sciare, inviare,* ist das *i* im Singular Präsens und in der 3. Person Plural des Präsens betont. Dieses betonte *i* bleibt vor *i* der Endung erhalten:
invio, invii, invia, inviamo, inviate, inviano; invii, . . ., inviino

Die Konjugation der Verben auf -ere 5

Infinitiv *(Infinito):* cre̱d**ere**; aver(e) creduto
Gerundium *(Gerundio):* cred**endo**; avendo creduto
Partizip Präsens *(Participio presente):* cred**ente**, -i (selten gebraucht, vgl. § 43)
Partizip Perfekt *(Participio passato):* cred**uto**, -a, -i, -e

	Indikativ *(Indicativo)*	
	Präsens *(Presente)*	Perfekt *(Passato prossimo)*
io	cred**o**	ho creduto
tu	cred**i**	hai creduto
egli	crede	ha creduto
noi	cred**iamo**	abbiamo creduto
voi	cred**ete**	avete creduto
essi	cre̱d**ono**	hanno creduto
	Imperfekt *(Imperfetto)*	Plusquamperfekt *(Trapassato prossimo)*
io	cred**evo**	avevo creduto
tu	cred**evi**	avevi creduto
egli	cred**eva**	aveva creduto
noi	cred**evamo**	avevamo creduto
voi	cred**evate**	avevate creduto
essi	cred**e̱vano**	avevano creduto
	Passato remoto	*Trapassato remoto*
io	cred**ei**	ebbi creduto
tu	cred**esti**	avesti creduto
egli	cred**è**	ebbe creduto
noi	cred**emmo**	avemmo creduto
voi	cred**este**	aveste creduto
essi	cred**e̱rono**	ebbero creduto
	Futur I *(Futuro semplice)*	Futur II *(Futuro anteriore)*
io	cred**erò**	avrò creduto
tu	cred**erai**	avrai creduto
egli	cred**erà**	avrà creduto
noi	cred**eremo**	avremo creduto
voi	cred**erete**	avrete creduto
essi	cred**era̱nno**	avranno creduto

Konjunktiv *(Congiuntivo)*	
Präsens *(Presente)*	Perfekt *(Passato)*
cred**a**	abbia creduto
cred**a**	abbia creduto
cred**a**	abbia creduto
cred**iamo**	abbiamo creduto
cred**iate**	abbiate creduto
cre̱d**ano**	abbiano creduto
Imperfekt *(Imperfetto)*	Plusquamperfekt *(Trapassato)*
cred**essi**	avessi creduto
cred**essi**	avessi creduto
cred**esse**	avesse creduto
cred**e̱ssimo**	avessimo creduto
cred**este**	aveste creduto
cred**e̱ssero**	avessero creduto

Imperativ *(Imperativo)*	
cred**i**	glaube!
cred**a**	glauben Sie!
cred**iamo**	glauben wir!
cred**ete**	glaubt!
cre̱d**ano**	glauben Sie!

Konditional I *(Condizionale presente)*	Konditional II *(Condizionale passato)*
cred**erei**	avrei creduto
cred**eresti**	avresti creduto
cred**erebbe**	avrebbe creduto
cred**eremmo**	avremmo creduto
cred**ereste**	avreste creduto
cred**ere̱bbero**	avrebbero creduto

Besonderheiten bei Verben auf -ere 6

1. Betonung

a) Die meisten Verben auf *-ere* werden im Infinitiv auf dem Stamm betont, z. B. battere, correre, credere, mettere, muovere, ridere, rispondere, scrivere

b) Einige Verben auf *-ere* werden im Infinitiv auf der Endung betont: cadere, dovere, godere, parere, piacere, potere, rimanere, sapere, sedere, tenere, vedere; ebenso die Zusammensetzungen dieser Verben, z. B. contenere.

2. Aussprache

Bei Verben auf *-cere* und *-gere* wird die Aussprache von *c* und *g* durch den nachfolgenden Vokal der Endung bestimmt (vgl. dagegen § 4):

	vincere		conoscere		leggere	
vor *o*	vinco	[ko]	conosco	[sko]	leggo	[ggo]
vor *i*	vinci	[tʃi]	conosci	[ʃʃi]	leggi	[dʒi]
vor *e*	vince	[tʃe]	conosce	[ʃʃe]	legge	[dʒe]
	vinciamo	[tʃamo]	conosciamo	[ʃʃamo]	leggiamo	
	vincete	[tʃete]	conoscete	[ʃʃete]	leggete	
	vincono	[kono]	conoscono	[skono]	leggono	
vor *a*	vinca	[ka]	conosca	[ska]	legga	[gga]

Beachte
Bei Verben auf *-cere,* die das Partizip Perfekt regelmäßig auf *-uto* bilden, wird vor dieser Endung ein *i* eingeschoben: pia**ci**uto [tʃuto], conos**ci**uto [ʃʃuto]

3. Passato remoto

	a) regelmäßig	b) unregelmäßig (vgl. § 136)	
	vendere	mettere	conoscere
io	vendei/vend**etti**	**misi**	**conobbi**
tu	vendesti	mettesti	conoscesti
egli	vendè/vend**ette**	**mise**	**conobbe**
noi	vendemmo	mettemmo	conoscemmo
voi	vendeste	metteste	conosceste
essi	venderono/vend**ettero**	**misero**	**conobbero**

a) Bei Verben auf *-ere* mit regelmäßigem Passato remoto kommen auch folgende Endungen vor: *-etti* in der 1. Person Singular, *-ette* in der 3. Person Singular sowie *-ettero* in der 3. Person Plural.

b) Die meisten Verben auf *-ere* haben im Passato remoto eine vom Infinitiv abweichende Stammform, aber nur in der 1. und 3. Person Singular und in der 3. Person Plural.

Die Konjugation der Verben auf -ire — 7

Infinitiv *(Infinito):* sent**ire**; aver(e) sentito
Gerundium *(Gerundio):* sent**endo**; avendo sentito
Partizip Präsens *(Participio presente):* sent**ente,** -i (selten gebraucht, vgl. § 43)
Partizip Perfekt *(Participio passato):* sent**ito,** -a, -i, -e

	Indikativ *(Indicativo)*	
	Präsens *(Presente)*	Perfekt *(Passato prossimo)*
io	sent**o**	ho sentito
tu	sent**i**	hai sentito
egli	sent**e**	ha sentito
noi	sent**iamo**	abbiamo sentito
voi	sent**ite**	avete sentito
essi	sent**ono**	hanno sentito
	Imperfekt *(Imperfetto)*	Plusquamperfekt *(Trapassato prossimo)*
io	senti**vo**	avevo sentito
tu	senti**vi**	avevi sentito
egli	senti**va**	aveva sentito
noi	senti**vamo**	avevamo sentito
voi	senti**vate**	avevate sentito
essi	senti**vano**	avevano sentito
	Passato remoto	*Trapassato remoto*
io	sent**ii**	ebbi sentito
tu	sent**isti**	avesti sentito
egli	sent**ì**	ebbe sentito
noi	sent**immo**	avemmo sentito
voi	sent**iste**	aveste sentito
essi	sent**irono**	ebbero sentito
	Futur I *(Futuro semplice)*	Futur II *(Futuro anteriore)*
io	sent**irò**	avrò sentito
tu	sent**irai**	avrai sentito
egli	sent**irà**	avrà sentito
noi	sent**iremo**	avremo sentito
voi	sent**irete**	avrete sentito
essi	sent**iranno**	avranno sentito

Konjunktiv *(Congiuntivo)*	
Präsens *(Presente)*	Perfekt *(Passato)*
sent**a**	abbia sentito
sent**a**	abbia sentito
sent**a**	abbia sentito
sent**iamo**	abbiamo sentito
sent**iate**	abbiate sentito
sent**ano**	abbiano sentito
Imperfekt *(Imperfetto)*	Plusquamperfekt *(Trapassato)*
sent**issi**	avessi sentito
sent**issi**	avessi sentito
sent**isse**	avesse sentito
sent**issimo**	avessimo sentito
sent**iste**	aveste sentito
sent**issero**	avessero sentito

Imperativ *(Imperativo)*	
sent**i**	höre!
sent**a**	hören Sie!
sent**iamo**	hören wir!
sent**ite**	hört!
sent**ano**	hören Sie!

Konditional II *(Condizionale presente)*	Konditional II *(Condizionale passato)*
sent**irei**	avrei sentito
sent**iresti**	avresti sentito
sent**irebbe**	avrebbe sentito
sent**iremmo**	avremmo sentito
sent**ireste**	avreste sentito
sent**irebbero**	avrebbero sentito

Besonderheiten bei Verben auf -ire 8

1. Stammerweiterung

a) Verben mit Stammerweiterung

Ind. Präs.	Konj. Präs.	Imperativ	
fin**isc**o	fin**isc**a		Bei vielen Verben auf *-ire* wird im Singular Präsens und in der 3. Person Plural Präsens der Stamm durch die Silbe *-isc-* erweitert.
fin**isc**i	fin**isc**a	fin**isc**i	
fin**isc**e	fin**isc**a	fin**isc**a	
finiamo	finiamo	finiamo	
finite	finiate	finite	
fin**isc**ono	fin**isc**ano	fin**isc**ano	

agire	(agisco)	handeln	proibire	(proibisco)	verbieten
capire	(capisco)	verstehen	pulire	(pulisco)	reinigen
costruire	(costruisco)	(er)bauen	sostituire	(sostituisco)	ersetzen
favorire	(favorisco)	begünstigen	spedire	(spedisco)	senden
finire	(finisco)	beenden	stupire	(stupisco)	verblüffen
fiorire	(fiorisce)	blühen	suggerire	(suggerisco)	einflüstern
guarire	(guarisco)	heilen	ubbidire	(ubbidisco)	gehorchen

b) Verben ohne Stammerweiterung

aprire	(apro)	öffnen	partire	(parto)	abreisen
avvertire	(avverto)	benachrichtigen	pentirsi	(mi pento)	bereuen
bollire	(bolle)	kochen, sieden	seguire	(seguo)	folgen
coprire	(copro)	zudecken	sentire	(sento)	fühlen, hören
cucire	(cucio)	nähen	servire	(servo)	dienen
divertirsi	(mi diverto)	sich unterhalten	soffrire	(soffro)	leiden
dormire	(dormo)	schlafen	vestire	(vesto)	(be)kleiden
offrire	(offro)	anbieten			

Beachte

Einige Verben können mit oder ohne Stammerweiterung gebraucht werden:

apparire	(appare/apparisce)	erscheinen	mentire	(mentisco/mento)	lügen
eseguire	(eseguisco/eseguo)	ausführen	nutrire	(nutrisco/nutro)	(er)nähren

2. Aussprache und Schreibung

a) Bei Verben auf *-cire*, z. B. *cucire*, bleibt die Aussprache von *c* immer [tʃ].
Vor *a* oder *o* der Endung wird *ci* geschrieben:
Ind. Präs.: cucio, cuci, cuce, cuciamo, cucite, cuciono
Konj. Präs.: cucia, cuciamo, cuciate, cuciano

b) Bei Verben auf *-gire*, z. B. *fuggire*, wird die Aussprache von *g* durch die Endung bestimmt (vgl. § 6, *leggere*): fuggo [ggo], fuggi [dʒi], fugge [dʒe]

Die Bildung zusammengesetzter Zeiten 9

Die zusammengesetzten Zeiten werden gebildet
1. mit dem Hilfsverb *avere* + Partizip Perfekt; dabei bleibt das Partizip unverändert (Ausnahme vgl. § 44): **Ho avuto** oggi la tua lettera.
2. mit dem Hilfsverb *essere* + Partizip Perfekt; dabei richtet sich das Partizip in Geschlecht und Zahl nach dem Subjekt: Le mie sorelle **sono partite.**

Im Italienischen werden Hilfsverb und Partizip Perfekt gewöhnlich nicht getrennt:
Gli *ho scritto* una lettera due giorni fa.
Ich *habe* ihm vor zwei Tagen einen Brief *geschrieben.*

1. Mit »avere« konjugiert werden

a) **Ho letto** il giornale. Le **abbiamo mandato** dei fiori. Che cosa **hai detto,** Maria? b) **Ho dormito** bene. Non gli **avrei risposto.**	entsprechend dem Deutschen a) transitive Verben (Verben, die mit direktem Objekt gebraucht werden) b) intransitive Verben, mit Ausnahme der unter 2. und 3. genannten Verben

2. Mit »essere« konjugiert werden

a) **Sono stato** molto malato. Lisa **è rimasta** a casa. **Siamo divenuti** amici. Paolo **era** molto **ingrassato.** La signora **è partita** stamattina. Le ragazze **sono andate** in città.	a) entsprechend dem Deutschen eine Reihe intransitiver Verben, mit denen ein Zustand, ein Wechsel des Zustands oder ein Ortswechsel ausgedrückt wird (unter anderem die meisten Verben der Bewegung, vgl. Liste)
b) Maria **è stata ammirata** da tutti. ... ist ... bewundert worden.	b) Verben im Passiv (vgl. § 12)
c) Tutti **si sono meravigliati.** Alle haben sich gewundert. **Ti sei lavato** le mani? Hast du dir die Hände gewaschen?	c) reflexive Verben (vgl. § 15)
d) **Si è parlato** di te. Man hat ... gesprochen.	d) Verben in der *si*-Konstruktion (vgl. § 19)
e) **È nevicato** stanotte. Es hat ... geschneit. **Sarebbe bastato** dirmelo. Es hätte genügt, ...	e) unpersönliche Verben und unpersönlich gebrauchte Verben (vgl. § 20)

Liste zu 2a)
stare, restare, rimanere; divenire/diventare, nascere, crescere, invecchiare, morire, riuscire; andare, venire, partire, arrivare, uscire, entrare, tornare, scappare, cadere etc.

3. Sowohl mit »essere« als auch mit »avere« konjugiert werden

a) einige intransitive Verben, z. B. *appartenere* gehören, *durare* dauern, *vivere* leben:
La casa **è appartenuta** a Carlo. / La casa **ha appartenuto** a Carlo.

b) eine Anzahl sowohl intransitiv als auch transitiv gebrauchter Verben, z. B. *cambiare, cessare, cominciare, fuggire, giungere, passare, salire, suonare.*

intransitiv (ohne dir. Objekt): *essere*	transitiv (mit dir. Objekt): *avere*
I tempi **sono cambiati.** Die Zeiten haben sich geändert.	**Ha cambiato** le sue opinioni. Er hat seine Ansichten geändert.
La pioggia **è cessata.** Der Regen hat aufgehört.	**Hanno cessato** i pagamenti. Sie haben die Zahlungen eingestellt.
Lo spettacolo **è cominciato.** Die Vorstellung hat angefangen.	**Ha cominciato** il lavoro / a lavorare. Er hat mit der Arbeit angefangen.
È suonata l'una. Es hat ein Uhr geschlagen.	**Ha suonato** il pianoforte. Er hat Klavier gespielt.

Beachte zu »Verben der Bewegung« (2a)

a) Einige Verben, die eine Bewegungsart bezeichnen, z. B. *correre, volare, saltare,* werden nur dann mit *essere* konjugiert, wenn ein Ortswechsel ausgedrückt werden soll (bei Angabe von Ausgangspunkt, Richtung oder Ziel), sonst mit *avere:*
È corso dal cortile / via / in città / a chiamare il medico.
Ha corso per due ore / il Giro d'Italia. (vgl. 3b)

b) Folgende Bewegungsverben werden im Gegensatz zu den entsprechenden deutschen Verben immer mit *avere* konjugiert:
camminare: **Abbiamo camminato** lungo la riva. Wir sind ... (zu Fuß) gegangen.
marciare: **Hanno marciato** sotto la pioggia. Sie sind ... marschiert.
passeggiare: **Avete passeggiato** insieme? Seid ihr ... spazierengegangen?
nuotare: **Abbiamo nuotato** nel fiume. Wir sind ... geschwommen.
viaggiare: Da giovane **ha viaggiato** molto. Er ist ... gereist.
vagare/girare: **Hanno vagato/girato** per il mondo. Sie sind durch die Welt gezogen.

Beachte zu »Unpersönlich gebrauchte Verben« (2e)

a) Folgende meist unpersönlich gebrauchte Verben werden auch bei persönlichem Gebrauch mit *essere* konjugiert:
costare: Il tuo viaggio **è costato** molto. Deine Reise hat ... gekostet.
(dis)piacere: Roma mi **è piaciuta.** Rom hat mir gefallen.
dipendere: Tutto **è dipeso** da loro. Alles hing von ihnen ab.
esistere: Dicono che Omero non **è** mai **esistito.** ... nie existiert hat.
mancare: Carla **è mancata** a scuola. Carla hat in der Schule gefehlt.
parere/sembrare: Luigi **è parso** guarito. Luigi schien wieder gesund zu sein.
succedere/capitare/accadere: Che cosa **è successo?** Was ist passiert?

b) Unpersönliche Verben des Wetters, z. B. *piovere, nevicare, tuonare,* werden statt mit *essere* gelegentlich mit *avere* konjugiert, insbesondere wenn Dauer oder Häufigkeit des Vorgangs angegeben ist: **È piovuto. / Ha piovuto** per ore ed ore.

4. Zusammengesetzte Zeiten bei Modalverben

Die Modalverben *dovere, potere, sapere, volere* (+ Infinitiv) bilden die zusammengesetzten Zeiten in der Regel mit *avere:*

Non **ha voluto.**	Er hat nicht gewollt.
Non **ha voluto parlare.**	Er hat nicht sprechen wollen.
Non **ho potuto dormire.**	Ich habe nicht schlafen können.

Ausnahmen:

a) Ist das Modalverb mit einem Verb verbunden, das mit *essere* konjugiert wird, z. B. *partire, venire,* so können die zusammengesetzten Zeiten sowohl mit *avere* als auch mit *essere* gebildet werden:

Abbiamo dovuto partire.
Siamo dovuti partire. } Wir haben abreisen müssen.

b) Ist das Modalverb mit einem reflexiven Verb verbunden (vgl. § 15), so verwendet man das Hilfsverb

— *essere,* wenn das Reflexivpronomen dem Modalverb vorangestellt wird,
— *avere,* wenn das Reflexivpronomen an den Infinitiv angehängt wird:

Non **mi sono potuto lagnare.**
Non **ho potuto lagnarmi.** } Ich habe mich nicht beklagen können.

Die Höflichkeitsform 10

Bei der höflichen Anrede steht das Verb

in der 3. Person Singular, wenn man zu einer Person spricht:	in der 2. oder (sehr formell) 3. Person Plural, wenn man zu mehreren spricht:
Parla italiano? Sprechen Sie Italienisch? **Ha** il passaporto? Che cosa **desidera,** signore? Was wünschen Sie?	**Parlate** italiano? Sprechen Sie Italienisch? **Avete** tempo domani sera? Che cosa **desiderano,** signori? Was wünschen Sie?

Zu Personalpronomen bei der Höflichkeitsform vgl. §§ 85, 87
Zum Imperativ der Höflichkeitsform vgl. § 11

Beachte

1. Im Italienischen wird unter Bekannten, Kollegen etc. weit häufiger als im Deutschen die Du-Form (2. Person Singular) verwendet.
2. In der Geschäftskorrespondenz wird als Höflichkeitsform die 2. Person Plural gebraucht:
   Il campionario che ci **avete inviato** non è completo.
   Das Musterbuch, das Sie uns geschickt haben, . . .

Der Imperativ 11

1. Der Imperativ der 2. Person Singular

Verben auf *-are*	Verben auf *-ere*	Verben auf *-ire*
Parl**a**. Sprich! Non parl**are**. Sprich nicht!	Corr**i**. Lauf! Non corr**ere**. Lauf nicht.	Dorm**i**. Schlafe! Non dorm**ire**. Schlafe nicht!

Der bejahte Imperativ der 2. Person Singular hat die Endung
-a bei Verben auf *-are:* **Resta** a casa. **Mangia** la pera. **Impara** l'italiano.
-i bei Verben auf *-ere* und *-ire:* **Prendi** il pacco. **Parti** subito.

Der verneinte Imperativ der 2. Person Singular wird ausgedrückt durch
non + Infinitiv: **Non fumare** tanto. Rauche nicht soviel!

2. Der Imperativ der 2. Person Plural und der 1. Person Plural

Parl**ate**. Sprecht! Non parlate. Sprecht nicht! Parl**iamo**. Sprechen wir!	Corr**ete**. Lauft! Non correte. Lauft nicht! Corr**iamo**. Laufen wir!	Dorm**ite**. Schlaft! Non dormite. Schlaft nicht! Dorm**iamo**. Schlafen wir!

Der bejahte und der verneinte Imperativ der 2. Person Plural und der 1. Person Plural hat die Form der entsprechenden Person des Indikativ Präsens.

3. Der Imperativ der 3. Person Singular und Plural (Höflichkeitsform)

Parl**i**. Sprechen Sie! Non parli. Parl**ino**.	Corr**a**. Laufen Sie! Non corra. Corr**ano**.	Dorm**a**. Schlafen Sie! Non dorma. Dorm**ano**.

Der bejahte und der verneinte Imperativ der Höflichkeitsform hat die Form der
- 3. Person Singular des Konjunktiv Präsens, wenn man zu einer Person spricht:
  Firmi questo contratto, dottore. Unterschreiben Sie diesen Vertrag!
  Prenda posto. / **S'accomodi,** signora. Nehmen Sie Platz!
- 3. Person Plural des Konjunktiv Präsens, wenn man zu mehreren Personen spricht:
  Firmino questo contratto, signori. Unterschreiben Sie diesen Vertrag, meine Herren!
  Prendano posto. / **S'accomodino,** signore. Nehmen Sie Platz, meine Damen!

Beachte
1. Einige häufig gebrauchte Verben haben unregelmäßige Imperativformen, z. B. *avere* und *essere* (vgl. §§ 1, 2), *andare, dare, dire, fare, stare* (vgl. § 136).
2. Im Italienischen steht beim Imperativ nur dann ein Ausrufezeichen, wenn es sich um einen wirklichen Ausruf handelt:
   Fila! Mach', daß du wegkommst! / Hau ab!

Zu Personalpronomen beim Imperativ vgl. § 91

Das Passiv (Il passivo)

Die Bildung des Passivs 12

Das Passiv wird gebildet
a) in den einfachen Zeiten:
mit *essere* + Partizip Perfekt oder mit *venire* + Partizip Perfekt
b) in den zusammengesetzten Zeiten: nur mit *essere* + Partizip Perfekt
Dabei richtet sich das Partizip Perfekt in Geschlecht und Zahl nach dem Subjekt:
Carla fu invitat**a** / venne invitata. ... wurde eingeladen.
I ragazzi sono stat**i** invitat**i**. ... sind eingeladen worden.

Präsens	Perfekt
è pagato / viene pagato ... wird bezahlt	è stato pagato ... ist bezahlt worden
Imperfekt und Passato remoto	Plusquamperfekt
era pagato / veniva pagato fu pagato / venne pagato ... wurde bezahlt	era stato pagato (fu stato pagato) ... war bezahlt worden
Futur I	Futur II
sarà pagato / verrà pagato ... wird bezahlt werden	sarà stato pagato ... wird bezahlt worden sein
Konditional I	Konditional II
sarebbe pagato / verrebbe pagato ... würde bezahlt (werden)	sarebbe stato pagato ... würde bezahlt worden sein ... wäre bezahlt worden
Konjunktiv Präsens	Konjunktiv Perfekt
che sia pagato / venga pagato daß es bezahlt werde	che sia stato pagato daß es bezahlt worden sei
Konjunktiv Imperfekt	Konjunktiv Plusquamperfekt
se fosse pagato / venisse pagato wenn es bezahlt würde	se fosse stato pagato wenn es bezahlt worden wäre

Das Hilfsverb *essere* bezeichnet gewöhnlich einen Zustand:
Il conto **è pagato.** ... ist bezahlt. Il pranzo **è servito.** ... ist serviert.
Soll ein Vorgang ausgedrückt werden, so steht in den einfachen Zeiten des Passivs
a) meist *venire:* Il pranzo **viene servito.** ... wird serviert.
b) *essere* nur dann, wenn aus dem Zusammenhang hervorgeht, daß es sich um einen Vorgang handelt: Il pranzo **è servito** dal cameriere. ... wird vom Kellner serviert.

Beachte

Das deutsche »müssen« + Passiv kann ausgedrückt werden

a) durch *andare* + Partizip Perfekt:
   Le lettere **vanno scritte** oggi. Die Briefe müssen heute geschrieben werden.

b) durch den Infinitiv mit *da* (vgl. § 39):
   È una cosa **da farsi** subito. ... eine Sache, die sofort erledigt werden muß.

Das Passiv im Satz 13

	Subjekt	Prädikat	direktes Objekt	
Aktiv:	Il cliente	paga	il conto	oggi.
Passiv:	Il conto	è pagato / viene pagato		(dal cliente).
Aktiv:	L'insegnante	ha interrogato	Teresa.	
Passiv:	Teresa	è stata interrogata		(dall'insegnante).

Nur Verben mit direktem Objekt können ein persönliches Passiv bilden. Dabei wird das direkte Objekt des Aktivsatzes zum Subjekt des Passivsatzes. Will man Urheber oder Ursache der Handlung nennen, so werden sie mit *da* angeschlossen.

Beachte

Einer Reihe deutscher Verben mit indirektem Objekt entsprechen im Italienischen Verben mit direktem Objekt (vgl. Liste § 47), z. B. *aiutare, ascoltare, seguire, ringraziare, ubbidire,* die ein persönliches Passiv bilden können:

I profughi **sono stati aiutati** dalla Croce Rossa.
Den Flüchtlingen wurde vom Roten Kreuz geholfen.

Die Umschreibung des Passivs 14

In der 3. Person Singular und Plural verwendet man statt des Passivs häufig die reflexive *si*-Konstruktion (vgl. § 19). Bei dieser Konstruktion können Urheber oder Ursache der Handlung nicht genannt werden.

Questa macchina **si costruisce** in Italia.	... wird gebaut
(= è costruita / viene costruita)	
I vini italiani **si spediscono** in tutto il mondo.	... werden verschickt
(= sono spediti / vengono spediti)	
Oggi non **si lavora.**	Heute wird nicht gearbeitet.

Beachte

In Verbindung mit unbetonten Objektpronomen zieht man der *si*-Konstruktion und auch dem Passiv gewöhnlich einen Aktivsatz mit persönlicher Konstruktion vor:

Mi **hanno detto** (Mi si è detto / Mi è stato detto) che è ammalato. Mir wurde gesagt, ...

Das reflexive Verb (Il verbo riflessivo)

Formen und Konjugation des reflexiven Verbs 15

sbrigarsi	sich beeilen	essersi sbrigato		sich beeilt haben
mi sbrigo	ich beeile mich	mi sono	sbrigato	ich habe mich beeilt
ti sbrighi	du beeilst dich	ti sei	sbrigato	du hast dich beeilt
si sbriga	er beeilt sich	si è	sbrigato	er hat sich beeilt
ci sbrighiamo	wir beeilen uns	ci siamo	sbrigati	wir haben uns beeilt
vi sbrigate	ihr beeilt euch	vi siete	sbrigati	ihr habt euch beeilt
si sbrigano	sie beeilen sich	si sono	sbrigati	sie haben sich beeilt

Reflexive Verben bilden die zusammengesetzten Zeiten mit *essere.* Dabei richtet sich das Partizip Perfekt in Geschlecht und Zahl nach dem Subjekt: *Gina* si è **sbrigata.**

Vor *ne* sowie vor unbetonten Personalpronomen, die direktes Objekt sind, hat das Reflexivpronomen die Formen *me, te, se, ce, ve* (vgl. § 89): **Me** *ne* vado. **Se** *la* compra.

Das Reflexivpronomen steht vor dem konjugierten Verb, wird aber angehängt (vgl. § 90)

1. an den Infinitiv, der dabei den Endvokal verliert: sbrigar**mi**, sbrigar**si**
2. an das Gerundium: sbrigando**mi**, sbrigando**si**
3. an das absolute Partizip Perfekt: sbrigato**mi**, sbrigato**si**
4. an den bejahten Imperativ der 2. Person Singular und der 1. und 2. Person Plural; bei den entsprechenden Personen des verneinten Imperativs kann das Reflexivpronomen vorangestellt oder angehängt werden:

Bejahter Imperativ		Verneinter Imperativ		
sbriga**ti**	beeile dich	non **ti** sbrigare	oder	non sbrigar**ti**
si sbrighi	beeilen Sie sich	non si sbrighi		
sbrighiamo**ci**	beeilen wir uns	non **ci** sbrighiamo	oder	non sbrighiamo**ci**
sbrigate**vi**	beeilt euch	non **vi** sbrigate	oder	non sbrigate**vi**
si sbrighino	beeilen Sie sich	non si sbrighino		

Beachte zu 1

Bei Modalverb *(dovere, potere, sapere, volere)* + Infinitiv kann das Reflexivpronomen entweder an den Infinitiv angehängt oder dem Modalverb vorangestellt werden:

Devo sbrigar**mi.**
Mi devo sbrigare. } Ich muß mich beeilen.

Im ersten Fall werden die zusammengesetzten Zeiten mit *avere* gebildet, im zweiten Fall mit *essere:*

Ho dovuto sbrigar**mi.**
Mi sono dovuto sbrigare. } Ich habe mich beeilen müssen.

Verben mit reflexiver und nichtreflexiver Form 16

Beim reflexiv gebrauchten Verb sind Subjekt und Objekt dieselbe Person bzw. Sache. Das Objekt kann direkt oder indirekt sein:

Mi preparo all'esame. *Ich* bereite *mich* auf das Examen vor.

Mi preparo un caffè. *Ich* mache *mir* einen Kaffee.

Im Plural kann die reflexive Form ein wechselseitiges Verhältnis ausdrücken:

Ci vediamo di tanto in tanto. *Wir* sehen *uns* ab und zu.

Si sono conosciuti al mare. *Sie* haben *sich* am Meer kennengelernt.

Vgl. auch § 19 (Reflexive *si*-Konstruktion)
Vgl. auch § 38 und § 39 (Reflexiver Infinitiv mit passivischer Bedeutung)

nichtreflexiv	reflexiv
Carla **ha lavato** i piatti. ... hat das Geschirr abgewaschen.	a) Carla **si è lavata.** Carla hat sich gewaschen.
Alza quel libro da terra! Hebe das Buch ... auf!	**Ci siamo alzati** di buon'ora. Wir sind früh aufgestanden.
Ho chiamato mio fratello. ... meinen Bruder gerufen.	Mio fratello **si chiama** Paolo. Mein Bruder heißt Paolo.
Hai trovato le chiavi? ... die Schlüssel gefunden?	Come **ti trovi** a Milano? Wie geht/gefällt es dir in Mailand?
Hanno fermato il treno. ... den Zug angehalten.	Il treno non **si è fermato** a Pisa. Der Zug hat ... nicht gehalten.
Gli **ho scritto.** Ich habe ihm geschrieben.	b) **Si scrivono** ogni settimana. Sie schreiben sich jede Woche.
Abbiamo comprato un cane. Wir haben einen Hund gekauft.	**Ci siamo comprati** un cane. Wir haben uns einen Hund gekauft.
L'**hai messo** in tasca? Hast du es in die Tasche gesteckt?	Perchè non **ti metti** gli occhiali? Warum setzt du die Brille nicht auf?
Chi l'**avrebbe immaginato!** Wer hätte es gedacht!	Proprio così **me** lo **sono immaginato.** Genauso habe ich es mir vorgestellt.

Viele Verben können das Reflexivpronomen zu sich nehmen

a) als direktes Objekt, z. B.

lavarsi	sich waschen	vestirsi	sich kleiden / anziehen
pettinarsi	sich kämmen	coprirsi	sich zudecken / warm anziehen

b) als indirektes Objekt, z. B.

acquistarsi qc	sich etw anschaffen	figurarsi qc	sich etw vorstellen,
comprarsi qc	sich etw kaufen	immaginarsi qc	sich etw einbilden
concedersi qc	sich etw gönnen	mettersi qc	sich etw anziehen / aufsetzen
permettersi qc	sich etw erlauben	levarsi qc	sich etw ausziehen

Vgl. auch §45 (Veränderlichkeit des Partizip Perfekt)

Einem sowohl nichtreflexiv als auch reflexiv gebrauchten italienischen Verb entsprechen im Deutschen vielfach zwei verschiedene Verben oder Ausdrücke, z. B.

accomodare qc	richten	accomodarsi	Platz nehmen
accontentare qn	zufriedenstellen	accontentarsi	sich begnügen
affrettare qc	beschleunigen	affrettarsi	sich beeilen
alzare qc	aufheben, erheben	alzarsi	aufstehen
attendere qc	erwarten, warten auf	attendersi a	gefaßt sein auf
bagnare qc	naß machen	bagnarsi	naß werden
cambiare (qc)	(sich) ändern, wechseln	cambiarsi	sich umziehen
chiamare qn	nennen, rufen	chiamarsi	heißen
divertire qn	unterhalten	divertirsi (a)	sich unterhalten, etw gern tun
fermare qc, qn	(an)halten, stoppen	fermarsi	stehenbleiben, (an)halten
guardare (qc)	(an)schauen	guardarsi da	sich vorsehen/hüten vor
intendere qc	meinen, beabsichtigen	intendersi di	sich verstehen auf
smarrire qc	verlegen, verlieren	smarrirsi	sich verirren
svegliare qn	wecken	svegliarsi	aufwachen
stancare qn	ermüden, müde machen	stancarsi	müde werden
trovare qc	finden	trovarsi	sich befinden

Beachte

1. Einige Verben werden ohne Bedeutungsunterschied sowohl reflexiv als auch nichtreflexiv gebraucht, z. B.
   dimenticare qc / dimenticarsi di qc — etw vergessen
   ricordare qc / ricordarsi di qc — sich an etw erinnern
2. Einige Verben werden fast ausschließlich reflexiv gebraucht, z. B.
   addormentarsi einschlafen, *ammalarsi* krank werden, *arrabbiarsi* böse werden, sich ärgern

Verben mit nur reflexiver Form 17

Si è accorto del mio sbaglio?	Hat er meinen Fehler bemerkt?
Non **mi meraviglio** più di nulla.	Ich wundere mich über nichts mehr.
Ce ne **siamo vergognati.**	Wir haben uns deswegen geschämt.
Non **si sono fidati** di noi.	Sie haben uns nicht getraut.
Mi congratulo con te per questo successo.	Ich gratuliere dir zu diesem Erfolg.

Einige Verben werden nur in reflexiver Form gebraucht, z. B.

abbonarsi a	abonnieren	fidarsi di	trauen
accorgersi di	(be)merken	impadronirsi di	sich einer Sache bemächtigen
appollaiarsi	kauern	impossessarsi di	sich einer Sache bemächtigen
arrampicarsi	klettern	infischiarsene	darauf pfeifen
arrendersi	sich ergeben	meravigliarsi di	sich wundern
congratularsi con qn per qc	jdn zu etw beglückwünschen	vergognarsi di	sich schämen

Beachte

Folgende Verben werden im Italienischen nicht reflexiv gebraucht:

ammontare a	sich belaufen auf	serpeggiare	sich schlängeln
diminuire	sich verringern	soggiornare	sich aufhalten
peggiorare	sich verschlechtern	succedere/accadere	sich ereignen

Redewendungen 18

farsi grande	groß werden; sich aufspielen	I bambini si sono fatti grandi.
farsi bello	schön werden; sich schön machen	Maria si è fatta bella.
farsi medico/sarto	Arzt/Schneider werden	Carlo si è fatto medico.
farsi buio/tardi	dunkel/spät werden	Si è fatto buio.
farsi vivo	von sich hören lassen	Non si è fatto vivo da un'anno.
farsi visitare	sich untersuchen lassen	Dovrebbe farsi visitare.
farsi male	sich weh tun	Ti sei fatto male?
farsi la barba	sich rasieren	Si fa la barba ogni giorno.
farsi fare qc	sich etw machen lassen	Mi sono fatto fare un vestito.
		Voglio farmi tagliare i capelli.
farsi prestare qc	sich etw ausleihen/borgen	Devo farmi prestare mille lire.
andarsene	fortgehen	Vattene! Geh fort!
starsene	(für sich) bleiben	Me ne sto a casa.
mettersi a	sich daran machen, beginnen	Si sono messi a lavorare.
prendersi/buscarsi	(Krankheit) bekommen	Si è preso l'influenza.
mi raccomando	ich bitte (mir aus), wenn ich bitten darf	Non glielo dica, mi raccomando! Sagen Sie es ihm aber ja nicht!
Si figuri! / S'immagini!	Denken Sie sich! / Aber ich bitte Sie! / Gern geschehen. / Keine Ursache.	

Beachte

In Wendungen der Umgangssprache wird das Reflexivpronomen

a) häufig zusätzlich gesetzt:

Che abiti ti porti via?	Welche Kleider nimmst du mit?
Si è mangiato tutto l'arrosto.	Er hat den ganzen Braten (alleine) aufgegessen.

b) bei einigen Verben mit dem Pronomen *la* (vgl. auch § 93) verbunden:

battersela	sich aus dem Staub machen	Me la batto.
cavarsela	(irgendwie) zurechtkommen, sich zu helfen wissen	Se la cava bene.
godersela	etw genießen, sich amüsieren	Me la godo un mondo.
prendersela	sich aufregen/ärgern	Non prendertela.
ridersela	(sich ins Fäustchen) lachen	Se la ride.

Die »si«-Konstruktion

19

Im Italienischen verwendet man eine Reflexivkonstruktion

a) zur Umschreibung eines unbestimmten Subjekts; im Deutschen steht gewöhnlich ›man‹ oder das unpersönliche Passiv, seltener eine Reflexivkonstruktion:
   In Italia **si vive** bene. In Italien lebt man gut / läßt es sich gut leben.
   Si è cantato. Man hat gesungen. / Es wurde gesungen.
b) zur Umschreibung des persönlichen Passivs der 3. Person Singular und Plural:
   Questo materiale non **si usa** più. Dieses Material wird nicht mehr verwendet.

1. Die »si«-Konstruktion bei Verben ohne direktes Objekt

Zur Umschreibung eines unbestimmten Subjekts verwendet man
bei Verben ohne direktes Objekt: *si* + Verb in der 3. Person Singular (vgl. auch 2)
bei reflexiven Verben: *ci si* + Verb in der 3. Person

Da Rossi **si mangia** bene.	Bei Rossi ißt man gut.
La sera **si andava** al cinema.	Abends ging man ins Kino.
Oggi non **si lavora.**	Heute wird nicht gearbeitet.
Qui **si chiacchiera** troppo.	Hier wird zu viel geschwatzt.
Ci si sbaglia facilmente.	Man irrt sich leicht.

a) **Si è** parlat**o** di te.	Man hat ... gesprochen.
Si è cenat**o** all'aperto.	Man hat ... gegessen.
b) **Si è** andat**i** al cinema.	Man ist ... gegangen.
Ci si è vist**i** di tanto in tanto.	Man hat sich ... gesehen.
Quando **si è** lodat**i**, ...	Wenn man gelobt wird, ...
c) Non **si è** mai content**i**.	Man ist nie zufrieden.
Qui **si deve** stare zitt**i**.	Hier muß man still sein.
Quando **si è** student**i**, **si è** pover**i**.	Wenn man Student ist, ...
Quando ci **si è** lavat**i**,	Wenn man sich gewaschen hat,
ci si sente più fresch**i**.	fühlt man sich frischer.

Bei dieser unpersönlichen Konstruktion steht das konjugierte Verb immer im Singular.

a) Das Partizip Perfekt bleibt unverändert, wenn das Verb bei persönlicher Konstruktion mit *avere* konjugiert wird (z.B. *parlare: abbiamo parlato*).
b) Das Partizip Perfekt steht im Plural, wenn das Verb auch bei persönlicher Konstruktion mit *essere* konjugiert wird (z. B. *andare: siamo andati;* reflexive Verben; Verben im Passiv).
c) Adjektive und Substantive, die prädikative Ergänzung zum unbestimmten Subjekt ›man‹ sind, stehen im Plural (vgl. auch § 20).

2. Die »si«-Konstruktion bei Verben mit direktem Objekt

(Noi) vendiamo **i mobili.**	dir. Objekt	Wir verkaufen die Möbel.
Si vendono **i mobili.**	Subjekt	Man verkauft die Möbel.
I mobili si vendono oggi.		Die Möbel werden heute verkauft.

Ein substantivisches direktes Objekt wird bei der *si*-Konstruktion zum grammatischen Subjekt, nach dem sich das Prädikat richtet:

Si costruisce *un ponte.* Man baut eine Brücke. Es wird eine Brücke gebaut.	**Si costruiscono** *case moderne.* Man baut moderne Häuser. Es werden moderne Häuser gebaut.
Si è costruito *un ponte.* Man hat eine Brücke gebaut. Es wurde eine Brücke gebaut.	**Si sono costruite** *case moderne.* Man hat moderne Häuser gebaut. Es wurden moderne Häuser gebaut.

Diese Konstruktion wird häufig anstelle des Passivs verwendet, sofern Urheber oder Ursache der Handlung ungenannt bleiben:

Non **si accettano** reclami.	Reklamationen werden nicht berücksichtigt.
Si è inaugurata un'esposizione.	Eine Ausstellung wurde eröffnet.
Aber:	
L'esposizione *è stata inaugurata dal sindaco.*	Die Ausstellung ist vom Bürgermeister eröffnet worden.

Beachte

1. In Verbindung mit dem Pronominaladverb *ne* steht *si* vor *ne* und wird zu *se* (vgl. § 89):
   Se *ne* **parla** per tutta la città. — Man spricht ... davon.
2. Hat das Verb in der *si*-Konstruktion ein unbetontes Personalpronomen als Objekt bei sich, so behält *si* seine Stellung unmittelbar vor dem konjugierten Verb bei und bleibt unverändert (vgl. dagegen § 89):
   Non *(lo)* **si dice.** — Das sagt man nicht.
   Mi **si dice** che parli male di me. — Ich habe erfahren, ...
   In Verbindung mit unbetonten Personalpronomen wird die *si*-Konstruktion selten gebraucht. Man verwendet in diesem Fall meist eine persönliche Konstruktion:
   L'hanno licenziata. / È stata licenziata. — Man hat sie entlassen.
3. In Annoncen, Telegrammen etc. wird *si* gelegentlich an das Verb angehängt:
   Pregasi di ... Es wird gebeten, ... **Affittasi** appartamento. Wohnung zu vermieten.
4. In der Umgangssprache der Toskana wird die *si*-Konstruktion häufig in Verbindung mit *noi* gebraucht:
   Che cosa si fa stasera? — Was machen wir heute abend?
   Noi si va al cinema. — Wir gehen ins Kino.

Unpersönliche Verben und Ausdrücke 20

(Verbi e espressioni impersonali)

1. Unpersönliche Verben

a) In questa zona **piove** spesso. Se **nevica**, sto a casa. **È tuonato** / Ha tuonato più volte.	a) piove — es regnet; tuona — es donnert nevica — es schneit; lampeggia — es blitzt gela — es friert; grandina — es hagelt
b) **Accade** che siamo troppo creduli. Gli **succede** spesso di smarrire la chiave. Se vi **capita** di vederlo, ditegli che venga. Wenn ihr ihn zufällig seht, ... **Bisogna** agire subito. Non **occorre** che tu venga domani. **Sarebbe bastato** dirmelo. **Pare** che sia tornato a casa. **Mi è sembrato** che fosse cresciuto. **Conviene** che io ti dica la verità. **Mi dispiace** di non essere venuto più presto.	b) succede, capita, accade — es geschieht, es passiert, es kommt vor bisogna — es ist nötig, man muß occorre — es ist nötig, man braucht conviene — es ist angebracht, man muß basta — es genügt manca — es fehlt merita — es lohnt sich pare / sembra — es scheint mi piace — es gefällt mir mi dispiace, mi rincresce — es tut mir leid

Unpersönliche Verben bilden die zusammengesetzten Zeiten mit *essere* (vgl. § 9)
Zum Konjunktiv nach unpersönlichen Verben und Ausdrücken vgl. § 30
Zum Infinitiv nach unpersönlichen Verben und Ausdrücken vgl. § 36

Beachte

Die unter b) genannten Verben können auch persönlich gebraucht werden:

Quei libri mi **piacciono** molto.	Diese Bücher gefallen mir sehr.
Due ore **bastano** per la discussione.	Zwei Stunden genügen ...

Gebrauch von »bisogna, occorre, ci vuole«

Bisogna essere prudenti. (vgl. § 19)	Man muß vorsichtig sein.
Non bisognava dirglielo.	Man hätte es ihm nicht sagen sollen.
Non bisogna mai disperarsi.	Man darf nie verzweifeln.
Occorre agire.	Man muß handeln.
Occorre il passaporto?	Braucht man den Paß?
Mi occorrono molti soldi.	Ich brauche viel Geld.
Ci vuole forza.	Dazu braucht man Kraft.
Ci vogliono dieci uomini.	Dazu braucht man zehn Männer.
Mi ci vuole il tuo consiglio.	Ich brauche deinen Rat.

2. Unpersönliche Ausdrücke

a) mit »essere«

è bene	es ist gut
è meglio	es ist besser
è facile	es ist leicht (möglich)
è necessario	es ist notwendig
può darsi	es kann sein
è tempo (di)	es ist Zeit (zu)

b) mit »fare« und »farsi«

fa caldo/freddo	es ist heiß/kalt
fa bel tempo	es ist schönes Wetter
fa brutto tempo	es ist schlechtes Wetter
si fa giorno	es wird Tag
si fa buio	es wird dunkel
si fa tardi	es wird spät

Beachte

a) Dem deutschen »es gibt, es hat« entspricht im Italienischen *ci* + *essere:*

Non **c'è** più latte.	Es ist keine Milch mehr da.
C'erano dei reclami.	Es gab Reklamationen.
Ci sono più signore che signori.	Es sind mehr Damen als Herren da.

b) Dem unpersönlichen Passiv des Deutschen entspricht im Italienischen häufig die *si*-Konstruktion (vgl. § 19):

Qui **si è fumato.**	Hier ist geraucht worden.

c) Folgende Ausdrücke werden im Italienischen persönlich gebraucht:

Come sta? — Sto bene.	Wie geht es Ihnen? — Es geht mir gut.
Ho freddo/caldo.	Mir ist kalt/warm.
Riesco a farlo. / Mi riesce di farlo.	Es gelingt mir, ...
Sono lieto che siate venuti.	Es freut mich, ...
Hanno suonato.	Es hat geläutet.

Die Zeiten (I tempi)

Das Präsens 21

Sto leggendo una rivista. Mentre io **lavoro,** lei si **diverte.** **Gioco** al calcio tutte le domeniche. D'estate **andiamo** in montagna. L'acqua **è** più pesante dell'olio. Nessuno **può** servire due padroni.	Das Präsens *(Presente)* bezeichnet Vorgänge der Gegenwart und Tatsachen.

Beachte

Das Präsens kann stehen

a) anstelle des Futurs, sofern aus dem Zusammenhang deutlich wird, daß es sich um einen zukünftigen Vorgang handelt (vgl. auch § 24): Domani **andiamo** a Roma.

b) anstelle einer Zeitform der Vergangenheit, wenn Einzelheiten lebendig erzählt werden sollen: Ieri passeggiavo in Piazza Navona, e chi mi **viene** incontro? Paolo!

Perfekt und Imperfekt 22

1. Das Passato prossimo (vgl. auch 3 und 5) = Perfekt

a) Carlo **ha avuto** un incidente. Ora si trova in ospedale. **Ho perso** il portafoglio. Devo fare la denuncia alla polizia. b) Luigi **è** appena **uscito**. A chi **hai telefonato** poco fa? c) Perchè non **sei venuto** oggi? Quest'anno **sono andato** più volte in Francia. In questo secolo la tecnologia **ha fatto** progressi enormi.	Das Passato prossimo bezeichnet abgeschlossene Vorgänge. Es wird gebraucht a) wenn der Vorgang für die Gegenwart noch von Bedeutung ist; b) wenn sich der Vorgang kurz vor der Gegenwart ereignet hat; c) wenn der Zeitraum, in dem sich der Vorgang ereignet hat, noch andauert.

2. Das Passato remoto (vgl. auch 3 und 5) = Historisches Perfekt: in der Umgangssprache durch Perfekt ersetzt.

Nel 1492 Colombo **scoprì** l'America. Dante **scrisse** la Divina Commedia fra il 1306 e il 1321. Il Quattrocento **fu** il secolo delle grandi scoperte geografiche. Dopo la morte di suo padre **lasciò** l'Italia e se ne **andò** in Australia. **Passò** gli ultimi anni della sua vita a Parigi. L'anno scorso **andai** più volte a Roma.	Das Passato remoto wird verwendet, wenn ausgedrückt werden soll, daß ein Vorgang in sich abgeschlossen ist und ganz der Vergangenheit angehört; die Dauer bzw. Häufigkeit des Vorgangs spielt dabei keine Rolle.

3. Passato prossimo statt Passato remoto

Passato prossimo	Passato remoto
Ieri **è andato** contro un albero ed **è rimasto** gravemente ferito. In quel ristorante **ho mangiato** bene, l'anno scorso.	Ieri **andò** contro un albero e **rimase** gravemente ferito. In quel ristorante **mangiai** bene, l'anno scorso.

Für Vorgänge, die in sich abgeschlossen sind und einem vergangenen Zeitabschnitt angehören, kann anstelle des Passato remoto auch das Passato prossimo stehen, vor allem in der gesprochenen Sprache. In Norditalien wird in diesem Fall fast ausschließlich das Passato prossimo gebraucht, während in Süditalien das Passato remoto bevorzugt wird.

4. Das Imperfetto

Luigi **guardava** dalla finestra. **Aspettavo** alla fermata e **contavo** le macchine che **passavano.** **Marciavamo** sotto la pioggia. **Avevamo** fame. **Giocavo** al calcio tutte le domeniche. Durante le vacanze mi **alzavo** tardi. Carla **parlava** spesso di voi. Raramente **dormiva** più di sei ore.	Das Imperfetto bezeichnet Vorgänge, die zu einem bestimmten Zeitpunkt der Vergangenheit nicht abgeschlossen, sondern im Verlauf waren. Im Imperfetto werden beschrieben: Zustände in der Vergangenheit sowie Vorgänge der Vergangenheit, die sich mehr oder weniger regelmäßig wiederholten (Gewohnheiten, Gepflogenheiten).

Beachte. Das Imperfetto wird auch gebraucht

a) statt Passato remoto für abgeschlossene Vorgänge, die man sich lebhaft vorstellt:
Le guerre per l'unità d'Italia durarono / duravano quasi un secolo.

b) statt Konditional II (vgl. §§ 25, 33, 35).

5. Imperfetto und Passato remoto im Satzgefüge

a)	Mia madre leggeva	ed io studiavo	mentre Tonino giocava.
b)	Mia madre lesse la lettera,	chiamò mio fratello	e lo sgridò.
c)	Mia madre leggeva il giornale	quando arrivò Paolo.	
	La trovammo nella sua stanza	che piangeva.	
	Ero stanco del viaggio e volevo andare a letto,	ma non potei	perchè arrivarono i miei amici.

a) Verlaufen mehrere Vorgänge der Vergangenheit gleichzeitig nebeneinander, ohne zu einem Abschluß zu kommen, so stehen sie alle im Imperfetto.

b) Folgen mehrere Vorgänge der Vergangenheit so aufeinander, daß der eine abgeschlossen ist, wenn der nächste einsetzt, so stehen sie alle im Passato remoto.

c) Ist von zwei Handlungen der Vergangenheit die eine noch im Gang, wenn die zweite einsetzt, so steht die noch ablaufende Handlung im Imperfetto, die neu einsetzende im Passato remoto.

Beachte. Anstelle des Passato remoto wird häufig das Passato prossimo verwendet, vor allem in der gesprochenen Sprache (vgl. 3):

Volevo invitare anche lui, ma quando **seppe** di questa gita mi **spiegò**
ma quando **ha saputo** ... mi **ha spiegato**
che doveva studiare in biblioteca tutto il giorno.

Das Plusquamperfekt (Trapassato prossimo, Trapassato remoto) 23

Dem deutschen Plusquamperfekt entsprechen im Italienischen

1. Mi regalò un libro che **avevo** già **letto.** **Avevano bevuto** molto ed erano allegri. Quando arrivai, **era** già **partito.**	1. das Trapassato prossimo
2. Dopo che **ebbe detto** ciò, se ne andò.	2. das Trapassato remoto

Beide drücken Vorzeitigkeit gegenüber einem Vorgang der Vergangenheit aus. Im Gegensatz zum Trapassato prossimo wird das Trapassato remoto jedoch selten gebraucht. Es steht gewöhnlich nur in Verbindung mit Hauptsätzen im Passato remoto in Nebensätzen der Zeit, die durch Konjunktionen wie *dopo che* nachdem, *appena* sobald, *quando* als eingeleitet werden. Bei Subjektsgleichheit verwendet man meist

a) eine Infinitivkonstruktion (vgl. § 41): **Dopo aver detto** ciò, se ne andò.
b) oder eine Partizipialkonstruktion (vgl. § 46): **Detto** ciò, se ne andò.

Das Futur I und II (Futuro semplice, Futuro anteriore) 24

1. Che cosa **farai**? Ti **manderemo** una cartolina. Ernesto **verrà**/viene di certo. La prossima volta che **andrò** / vado a Roma, ti **porterò**/porto con me.	1. Das Futur I *(Futuro semplice)* bezeichnet zukünftige Vorgänge. Es wird häufig durch das Präsens ersetzt, wenn aus dem Zusammenhang deutlich wird, daß es sich um zukünftige Vorgänge handelt.
2. Fra un anno **avrà pagato** tutti i suoi debiti. Appena **avrò letto** questo libro, te lo darò. Sobald ich das Buch gelesen habe, ...	2. Das Futur II *(Futuro anteriore)* bezeichnet Vorgänge, die zu einem bestimmten Zeitpunkt der Zukunft abgeschlossen sein werden. Im Deutschen steht häufig das Perfekt.

Beachte

Die Formen des Futurs werden auch gebraucht

a) bei nachdrücklichen Aufforderungen und bei Geboten:

Ci **andrai** subito.	Du wirst sofort hingehen!
Non **ucciderai.**	Du sollst nicht töten.

b) bei vorsichtigen Aussagen, Vermutungen, unsicheren Fragen:

Sarà come dice Lei.	Sie mögen recht haben.
Saranno state le otto.	Es wird gegen acht Uhr gewesen sein.
Luigi **avrà perso** il treno.	Luigi wird den Zug verpaßt haben.
Ci **vorranno** tre ore di cammino.	Zu Fuß braucht man ungefähr drei Stunden.
Cosa **avrà pensato** di me?	Was mag er bloß von mir gedacht haben?

Das Konditional (Il condizionale) 25

Das Konditional drückt aus, was unter Umständen sein oder geschehen könnte.
Es steht auch zum Ausdruck höflicher oder vorsichtiger Zurückhaltung.

1. Das Konditional I (Condizionale presente)

Das Konditional I bezieht sich auf die Gegenwart oder Zukunft; im Deutschen wird es gewöhnlich durch den Konjunktiv II der Gegenwart ausgedrückt.

Potrebbe darsi che arrivino oggi.	Es könnte sein, daß ...
Potremmo aiutarvi.	Wir könnten euch helfen.
Sarebbe bello avere la macchina.	Es wäre schön, wenn ...
Io non ci **andrei.**	Ich würde nicht hingehen.
Ti **piacerebbe** vivere a Roma?	Würdest du gern in Rom leben?
Vorrei un caffè. (Statt: Voglio ...)	Ich möchte ... (Statt: Ich will ...)
Dovresti andare dal medico. (Statt: Devi ...)	Du solltest ... (Statt: Du mußt ...)
Avrebbe un fazzoletto, per favore?	Hätten Sie vielleicht ...?
Direi il contrario.	Ich würde das Gegenteil behaupten.
Mi **faresti** questo favore?	Würdest du mir diesen Gefallen tun?
Veramente non **saprei.**	Ich weiß es wirklich nicht.

2. Das Konditional II (Condizionale passato)

Das Konditional II bezieht sich auf die Vergangenheit; im Deutschen wird es gewöhnlich durch den Konjunktiv II der Vergangenheit ausgedrückt.

Potrebbe essere stato lui.	Er könnte es gewesen sein.
Avremmo potuto aiutarvi.	Wir hätten euch helfen können.
Io non ci **sarei andato.**	Ich wäre nicht hingegangen.
Mi **sarebbe piaciuto** vivere a Roma.	Ich hätte gern in Rom gelebt.
Quasi quasi non ti **avrei riconosciuto.**	Fast hätte ich dich nicht erkannt.
Avresti dovuto andare dal medico.	Du hättest zum Arzt gehen sollen.
Una cura gli **avrebbe fatto** bene.	Eine Kur hätte ihm gutgetan.

Beachte

1. Das deutsche »sollen« bei Angaben ohne Gewähr wird im Italienischen durch das Konditional wiedergegeben:
   Questa malattia **sarebbe** guaribile. ... soll heilbar sein.
   Secondo le ultime notizie, il presidente **avrebbe dato** le sue dimissioni. ... soll zurückgetreten sein.
2. Das Konditional II kann in der Umgangssprache durch das Imperfekt ersetzt werden:
   Doveva dirglielo. / Avrebbe dovuto dirglielo. Er hätte es ihm sagen müssen.

Das Konditional im Bedingungssatz vgl. § 35
Das Konditional als Zeitform in der indirekten Rede vgl. § 33

Der Konjunktiv (Il congiuntivo)

Der Gebrauch des Konjunktivs 26

Indikativ und Konjunktiv

a) Die allgemeine, neutrale Art und Weise der Aussage bzw. Frage ist der Indikativ:
Sono partiti alle nove. Sie sind ... abgereist.
Der Indikativ steht im Italienischen auch in der indirekten Rede (vgl. § 33):
Dice che **sono partiti.** Er sagt, sie seien abgereist.

b) Der Konjunktiv dient im Italienischen in erster Linie dazu, subjektive Gesichtspunkte zu kennzeichnen. Er wird meist nur im Nebensatz gebraucht, z. B.
Sono contento che **siano partiti.** Ich bin froh, daß sie fort sind.

Der Gebrauch des Konjunktivs ist weitgehend eine Frage der persönlichen Einstellung und des (gehobenen) Stils (vgl. z. B. § 29).
In bestimmten Fällen ist die Verwendung des Konjunktivs jedoch durch den Sprachgebrauch festgelegt:

1. Der Konjunktiv im Hauptsatz

Im Hauptsatz wird der Konjunktiv gewöhnlich nur in folgenden Fällen gebraucht:

a) **Evviva/Viva** il campione! Es lebe ... ! Dio vi **aiuti! Sia** maledetto! Si **salvi** chi può! Rette sich ... ! Lo compro, **costi** quel che costi. ..., koste es, was es wolle. Io ci andrò, vi **piaccia** o no. ..., ob es euch paßt oder nicht.	a) in einigen formelhaften Wendungen, die zumeist einen (Segens)wunsch, eine Verwünschung, eine Aufforderung oder ein Zugeständnis ausdrücken
b) **Fosse** già sera! Wäre es doch schon Abend! Se **fossero** almeno puntuali! Wenn sie wenigstens pünktlich wären! **Avessimo** una casa più grande! Hätten wir doch ein größeres Haus! **Avessi ubbidito!** Hätte ich doch gehorcht!	b) bei Wünschen, die unerfüllbar sind oder so erscheinen; in diesem Fall verwendet man den Konjunktiv Imperfekt bzw. Konjunktiv Plusquamperfekt
c) Che **venga** qui. Er soll herkommen. Che mi **chiamino.** Die sollen mich rufen.	c) bei Aufforderungen an Dritte (mit vorausgehendem *che*)
d) Che le **sia accaduta** qualche disgrazia? Ob ihr irgendein Unglück zugestoßen ist?	d) gelegentlich bei zweifelnden Überlegungen (mit vorausgehendem *che*)

Zum Konjunktiv als Imperativ der Höflichkeitsform vgl. § 11

2. Der Konjunktiv im Nebensatz

Der Konjunktiv steht in Nebensätzen, die abhängig sind

a) von bestimmten persönlichen Verben und Wendungen	
Voglio che tu mi **dica** tutto. *Non permetto* che **andiate** in barca. *Speri* che te lo **compri**/comprerà?	zum Ausdruck des Willens (vgl. § 27 und § 30)
Sono contento che **siate venuti.** *Ho paura* che **sia** troppo tardi.	zum Ausdruck der Gefühlsbewegung (vgl. § 28)
Ho l'impressione che qualcosa nella macchina non **funzioni**/funziona bene. *Ammetto* che tu **abbia**/hai ragione. *Dubito* che i nostri **vincano.** *Non capisco* come mai tu **possa**/puoi spendere tanto. *Ha negato* che suo fratello lo **abbia aiutato.**	um auszudrücken, daß das Gesagte nicht als gegeben bzw. sicher angesehen wird, sondern als pure Annahme, als reines Zugeständnis, als zweifelhaft, als völlig unverständlich oder als nicht zutreffend zu betrachten ist (vgl. § 29 und § 30)
b) von bestimmten unpersönlichen Verben und Ausdrücken	
Mi rincresce che **sia** tanto infelice. *È necessario* che lui lo **faccia.**	vgl. § 30
c) von bestimmten Konjunktionen	
Prima che lei **arrivi,** partiremo. Lavora ancora, *benchè* **sia** tardi.	vgl. § 31
d) von Superlativen und anderen Ausdrücken mit Ausschließlichkeitscharakter	
È *la città più interessante* che io **conosca.** Non c'è *nessuno* che **sia** contento.	vgl. § 32
e) von verallgemeinernden Pronomen und Ausdrücken wie	
Chiunque **venga,** io non sono a casa. *Qualsiasi / Qualunque* **sia** il suo motivo, io non riesco a capirlo. *Per quanto* **mangi,** non ingrassa mai.	chiunque wer auch immer qualunque welcher/was auch immer dovunque wo(hin) auch immer per quanto wie viel/sehr auch immer

Statt eines Nebensatzes verwendet man gewöhnlich den Infinitiv (vgl. § 41)

a) wenn Haupt- und Nebensatz dasselbe Subjekt haben:
Dubito di vincere. Ich bezweifle, daß ich ...

b) wenn kein bestimmtes Subjekt vorhanden ist:
È impossibile saper tutto. Man kann unmöglich alles wissen.

c) wenn das Subjekt des Nebensatzes im Hauptsatz als Objekt erscheint:
Gli ha proibito di fumare tanto. Er hat ihm verboten, ...

Der Konjunktiv nach Verben der Willensäußerung 27

Che *volete* che io **faccia?**	*Sta attento* che non **spendano** tutto.
Desidero che Lei **sia** puntuale.	*Non permetto* che **tocchiate** la macchina.
Il medico *ha prescritto* che tu **vada** a letto.	*Sono d'accordo* che tu **venga** domani.
	Non vedo l'ora che tu **ritorni.**

Der Konjunktiv steht nach Verben und Ausdrücken, die Willen oder Absicht (z. B. Wunsch, Bitte, Befehl, Empfehlung, Verbot, Erlaubnis) bezeichnen, z. B.

aspettare	warten	prescrivere	vorschreiben, verordnen
augurare	(Glück) wünschen	pretendere	verlangen
consentire	einwilligen	proibire	verbieten
consigliare	raten	raccomandare	empfehlen
desiderare	wünschen	sperare	hoffen
esigere	fordern	stare attento	aufpassen
essere d'accordo	einverstanden sein	supplicare	anflehen
opporsi	dagegen sein	tenerci	auf etw Wert legen
ordinare	befehlen	tollerare	dulden
permettere	erlauben, zulassen	non veder l'ora	nicht erwarten können
preferire	vorziehen	vietare	verbieten
pregare	bitten	volere	wollen

Unterscheide

Digli che **sono arrivato.** Sage ihm, daß ich angekommen bin. (Mitteilung einer Tatsache)
Digli che si **tenga** pronto. Sage ihm, er soll sich bereit halten. (Konjunktiv: Aufforderung)

Der Konjunktiv nach Verben der Gefühlsäußerung 28

Sono contento che tu **stia** bene.	*Mi preoccupo* che **sia** tanto infelice.
Teme / Ha paura che tu **dica** di no.	*Comprendiamo bene* quanto **abbia sofferto.**
Si meraviglia che io **abbia detto** ciò.	*Non posso sopportare* che tu **dica** queste cose.

Der Konjunktiv steht nach Verben und Ausdrücken, die ein persönliches Empfinden (z. B. Freude, Ärger, Staunen, Furcht, Bedauern) bezeichnen, z. B.

essere contento	sich freuen	essere sorpreso	überrascht sein
aver piacere	sich freuen	temere / aver paura	fürchten / Angst haben
rallegrarsi	sich freuen	preoccuparsi	sich Sorgen machen
essere afflitto	traurig sein	vgl. auch § 30	

Beachte zu § 27 und § 28

Nach *sperare* hoffen und *temere* fürchten steht häufig der Indikativ:
Spero che venga/viene/verrà.
Temo che sia/sarà offeso.

Indikativ und Konjunktiv nach Verben des Sagens und Denkens 29

1. Nach Verben des Sagens und Denkens (vgl. Liste) steht
a) gewöhnlich Indikativ (auch in der indirekten Rede, vgl. § 33):

Credo che **hanno preso** tutte le precauzioni necessarie.
Sostengo che la pratica **vale** più della grammatica.
Molti *affermano* che le condizioni atmosferiche **influiscono** sul sistema nervoso.
Tutti *dicono* che **sono** responsabile io. Alle sagen, ich sei verantwortlich.
Gli *domandai* come **stava.** Ich fragte ihn, wie es ihm ginge.

b) Konjunktiv, wenn Unsicherheit, Zweifel, Nichtwissen ausgedrückt werden soll. Dies ist vor allem der Fall, wenn diese Verben fragend oder verneint gebraucht werden. In der gesprochenen Sprache wird allerdings auch hier häufig der Indikativ verwendet.

Konjunktiv	Indikativ
Credi che questa somma **basti?** Meinst du wirklich, daß ...?	*Credo* che questa somma **basta.** Ich glaube / bin sicher, daß ...
Non credo che **venga** ancora.	*Non credo* che **verrà.**
Non penso che **sia** troppo tardi.	*Non penso* che **sarà** troppo tardi.
Suppongo che **partano** oggi. Ich nehme an / Es kann sein, ...	*Suppongo* che **partono** oggi. Ich nehme an / rechne damit, daß ...
Veramente *non saprei* se **possa** aiutarti.	*Non so* se **può** venire, chiedigliela.
Non sapevo che **fosse** ammalato.	*Non sapevo* che **era** ammalato.

Liste zu 1

affermare	behaupten	domandare	fragen
ammettere	zugeben	essere d'avviso	der Meinung sein
assicurare	versichern	figurarsi	sich vorstellen
capire	verstehen	pensare	denken, meinen
comunicare	mitteilen	raccontare	erzählen
credere	glauben, meinen	sapere	wissen
dichiarare	erklären	sostenere	behaupten
dire	sagen	supporre	annehmen

2. Nach Verben und Ausdrücken, die besagen, daß etwas zweifelhaft oder unrichtig ist, steht der Konjunktiv immer (vgl. auch § 30):

Dubito che **abbia** intenzioni serie. Aber: Non dubito che verrà.
Non sono sicuro che ci **siano** delle difficoltà.
Nessuno può affermare che Dante non **fosse** un grande poeta.

dubitare	bezweifeln	negare	bestreiten
fingere	vortäuschen	contestare	bestreiten

Beachte

a) Nach Verben wie *dire, scrivere, telefonare* steht der Konjunktiv bzw. der Infinitiv mit *di* (vgl. § 37), wenn der Nebensatz eine Aufforderung enthält:
Digli che si **tenga** pronto. Digli **di venire.** Sage ihm, er soll ...

b) In Verbindung mit Verben des Sagens und Denkens steht gewöhnlich der Konjunktiv, wenn der Nebensatz zur besonderen Betonung vorangestellt wird:
Tutti dicono che ha torto. — Che **abbia** / ha torto, tutti lo dicono.

c) Wird die indirekte Rede durch *quanto* oder *come* eingeleitet, so steht

— Indikativ, wenn eine Tatsache mitgeteilt oder erfragt wird:
Gli domandai come viveva.

— Konjunktiv, wenn die Aussage gefühlsbetont ist:
Tu non sai quanto/come io **abbia sofferto.**

Der Konjunktiv nach unpersönlichen Ausdrücken 30

Der Konjunktiv steht nach fast allen unpersönlichen Verben und Ausdrücken der Stellungnahme, z. B.

Bisogna che Luigi si **prepari** bene.	bisogna	es ist notwendig
Occorre che io **parta** ancora oggi.	occorre	
Conviene che gli **venga detta** la verità.	conviene	es ist angebracht
È indispensabile che tu ci **vada.**	è indispensabile	es ist unerläßlich
Gli importava solo che lo **lasciassero** lavorare in pace.	importa	es ist wichtig
Basta che tu me ne **dia** un po'.	basta	es genügt
È meglio che glielo **dica** chiaramente.	è meglio	es ist besser
È tempo / ora che **andiate** a casa.	è tempo / ora	es ist Zeit
È naturale che Gianni **abbia** reagito male.	è naturale	es ist natürlich
È peccato che non **siate venuti.**	è peccato	es ist schade
Mi rincresce che **abbia dovuto** aspettare.	mi rincresce	es tut mir leid
Mi piace che tu **sia** così generoso.	mi piace	es gefällt mir
È una vergogna che l'**abbiano respinto.**	è una vergogna	es ist eine Schande
È impossibile che tu **vinca** il processo.	è impossibile	es ist unmöglich
È facile che **ci siamo sbagliati.**	è facile	es ist leicht möglich
Potrebbe darsi che **arrivino** oggi.	potrebbe darsi	es kann sein
Sembra che il tempo **si metta** al bello.	sembra / (mi) pare	es scheint

Ausnahmen

Nach unpersönlichen Wendungen, die Sicherheit und Gewißheit zum Ausdruck bringen, z. B. *è vero, è sicuro, è certo, è chiaro, è evidente, è noto,* steht der Indikativ:
È vero che Enrico **è** ammalato. È sicuro che Anna lo **sa.**
È evidente che **si tratta** di uno psicopatico.
Werden diese Ausdrücke verneint gebraucht, so steht der Konjunktiv:
Non è certo che **sia** lui il colpevole.

Beachte
Nach den Verben *succede / capita / accade* es kommt vor / geschieht / passiert kann sowohl Indikativ als auch Konjunktiv stehen:
Succede spesso che sbaglia / sbagli.

Der Konjunktiv nach Konjunktionen 31

Der Konjunktiv steht nach einer Reihe von Konjunktionen, z. B.

Parla adagio *affinchè* ognuno ti **capisca.**	affinchè	so daß / damit
Perchè **possa** superare la crisi, bisogna ricoverarlo in ospedale.	perchè	damit
Protestò *benchè* **avesse** torto.	benchè	obwohl
Sebbene **sia** tardi, lavora ancora.	sebbene	obwohl
Qualora **faccia** freddo, non uscirò.	qualora	wenn / falls
Ti scriverò *a condizione che* mi **scriva** anche tu.	a condizione che	unter der Bedingung, daß
	purchè	nur wenn
Verrò *a meno che non* **piova.**	a meno che non	sofern nicht
Supposto che io **avessi accettato,** che cosa ne avresti detto?	supposto che	angenommen, daß
	ammesso che	angenommen, daß
Se ne andò *senza che* io me ne **accorgessi.**	senza che	ohne daß
Voglio vedere Carlo *prima che* **parta.**	prima che	bevor

Zu weiteren Konjunktionen, die den Konjunktiv verlangen, vgl. § 131.

Beachte
1. Nach den Konjunktionen *finchè, così che, in modo che* steht
   a) Indikativ, wenn die tatsächliche Folge festgestellt wird:
      Sono rimasto al caffè *finchè* **è venuta** lei. ..., bis sie kam.
      Lavorò *in modo che* tutti ne **furono** contenti. ... so, daß alle zufrieden waren.
   b) Konjunktiv, wenn die Folge gewünscht, gefordert, erwartet wird:
      Rimarrò al caffè *finchè* **venga** lei. ..., bis sie kommt.
      Lavorate *in modo che* tutti ne **siano** contenti. ... so, daß alle zufrieden sind.
2. Nach Komparativ + *che non / di quanto* (vgl. § 71) steht der Konjunktiv:
   È andato *meglio che non* si **sperasse.** ... besser, als man hoffte.
3. Nach der Konjunktion *se* wenn steht entsprechend dem Deutschen
   a) gewöhnlich der Indikativ:
      Se **nevica,** sto a casa. Wenn es schneit, bleibe ich zu Hause.
   b) eine Vergangenheitsform des Konjunktivs, wenn die Erfüllung einer Bedingung (vgl. § 35) oder eines Wunsches unmöglich ist bzw. so erscheint:
      Se **avessi** tempo, verrei. Wenn ich Zeit hätte, ...
      Se **avessi avuto** tempo, sarei venuto. Wenn ich Zeit gehabt hätte, ...
      Se **fossero** almeno puntuali! Wenn sie wenigstens pünktlich wären!

Indikativ und Konjunktiv im Relativsatz 32

1. Abbiamo una dattilografa che **sa** l'italiano. Questo è un vestito che non mi **piace.**	1. Der Indikativ steht, wenn im Relativsatz eine Tatsache mitgeteilt wird.
2. a) Cerchiamo una dattilografa che **sappia** l'italiano. Si desidera un verdetto che **sia** giusto. b) Non trovo niente che mi **piaccia.** Non ha nessuno che lo **possa** aiutare. È la città più interessante che io **abbia** mai **vista.** Questa è l'unica cosa che io **voglia sapere.** È il primo che gli **dica** la verità.	2. Der Konjunktiv steht, wenn das im Relativsatz Gesagte a) gefordert, gewünscht, erwartet wird; b) als ausgeschlossen erscheint oder als subjektive Meinung dargestellt wird. Dies ist der Fall, wenn im Hauptsatz *non ... nessuno/niente/nulla,* ein Superlativ oder ein anderer Ausdruck mit Ausschließlichkeitscharakter *(il primo, l'ultimo, il solo, l'unico)* verwendet wird.

Zeiten und Modi im Satz (Tempi e modi nella frase)

Die Zeitenfolge in der indirekten Rede 33

Im Italienischen steht in der indirekten Rede gewöhnlich der Indikativ, während im Deutschen in gewählter Sprache der Konjunktiv verwendet wird:
Dice che **sono** responsabile io. Er sagt, ich **sei** verantwortlich.
Vor der indirekten Rede steht kein Komma, *che* kann nicht weggelassen werden.

Die indirekte Rede steht nach Verben wie

dire	affermare	domandare	pensare
raccontare	comunicare	sapere	sperare

Das Verb in der indirekten Rede richtet sich
1. nach dem Zeitverhältnis zum einführenden Hauptsatz. Der Nebensatz kann sein
   vorzeitig: Er sagt, daß er den Brief (schon) geschrieben habe/hat.
   gleichzeitig: Er sagt, daß er den Brief (gerade) schreibe/schreibt.
   nachzeitig: Er sagt, daß er den Brief (demnächst) schreiben werde/wird.
2. nach der Zeitform des Einführungssatzes. Dabei unterscheidet man zwei Gruppen:
a) Gegenwartsgruppe (Einführungssatz im Presente, Passato prossimo, Futuro)
b) Vergangenheitsgruppe (Einführungssatz im Imperfetto oder Passato remoto; Einführungssatz im Passato prossimo, wenn dieses anstelle des Passato remoto gebraucht wird)

a) Einführungssatz: Gegenwartsgruppe

Steht der Einführungssatz in einer Zeitform der Gegenwartsgruppe, so wird in der indirekten Rede die Zeitform der direkten Rede beibehalten.

Direkte Rede ⟶		Indirekte Rede	
Passato prossimo		Passato prossimo	vorzeitig
»Ho visto Paolo.« »Hai lavorato?«	Dice Domandano	che ha visto Paolo. se hai lavorato.	
Presente		Presente	gleichzeitig
»Luigi sta bene.« »Dove va?«	Mi ha scritto Gli chiederò	che Luigi sta bene. dove va.	
Futuro		Futuro	nachzeitig
»Pagherò domani.« »Verrà?«	Dice Vuol sapere	che pagherà domani. se verrà anche Lei.	

b) Einführungssatz: Vergangenheitsgruppe

Steht der Einführungssatz in einer Zeitform der Vergangenheit, so ändert sich die Zeitform in der indirekten Rede.

Direkte Rede ⟶		Indirekte Rede	
Passato prossimo ⟶		Trapassato prossimo	vorzeitig
»**Ho visto** Paolo.« »**Hai lavorato?**«	Disse Domandarono	che **aveva visto** Paolo. se **avevi lavorato.**	
Presente ⟶		Imperfetto	gleichzeitig
»Luigi **sta** bene.« »Dove **va**?«	Mi scrisse Gli chiesi } Gli ho chiesto }	che Luigi **stava** bene. dove **andava.**	
Futuro ⟶		Condizionale passato	nachzeitig
»**Pagherò** domani.« »**Verrà?**«	Disse Domandava	che **avrebbe pagato** il giorno dopo. se **sarebbe venuto** anche Lei.	

Beachte

1. Nach einem Einführungssatz in der Vergangenheit steht für zukünftige Vorgänge gewöhnlich das Konditional II, in der Umgangssprache auch das Imperfetto:
   Mi scrisse / ha scritto che **sarebbe partito.** }
   Mi ha scritto che **partiva.** } Er schrieb mir, daß er abreisen würde.
2. Nach einem Einführungssatz in der Vergangenheit kann ein Präsens oder Futur stehen, wenn es der Sinn des Satzes verlangt:
   Non sapevo che **sei** ammalato. Ich wußte nicht, daß du (immer noch) krank bist.
   Mi spiegò / ha spiegato che il ferro si **dilata** col calore.

3. In der indirekten Rede und Frage steht der Konjunktiv, wenn Unsicherheit, Zweifel, Nichtwissen hervorgehoben werden soll (vgl. § 29):
   Si dice che è / **sia** una spia. Es heißt, daß ... / Er soll ein Spion sein.
   Mi domandavo se era / **fosse** d'accordo ..., ob er (wohl) damit einverstanden wäre.
   Non sappiamo perchè l'ha / l'**abbia fatto.** Wir haben keine Ahnung, warum ...
   Zum Konjunktiv in der mit *quanto / come* eingeleiteten indirekten Rede (vgl. § 29, S. 42)
4. Der Imperativ wird in der indirekten Rede wiedergegeben
   a) durch den Infinitiv mit *di* (vgl. § 37):
   Digli **di aspettare.** Sag ihm, er soll warten.
   b) durch einen Nebensatz mit Konjunktiv:
   Digli **che si tenga** pronto.
   c) durch einen Nebensatz mit *dovere* (Indikativ):
   Digli che deve tornare.

Die Zeitenfolge in Sätzen mit Konjunktiv 34

a) Hauptsatz: Gegenwartsgruppe (vgl. § 33)

Steht der Hauptsatz in einer Zeitform der Gegenwartsgruppe, so steht der Konjunktiv des Nebensatzes im Präsens bzw. Perfekt.

Hauptsatz	Nebensatz: Congiuntivo presente	
Vuole Vorrà	che **venga** anche lei.	gleichzeitig bzw. nachzeitig
	Nebensatz: Congiuntivo passato	
Sono contento	che **sia venuta** anche lei.	vorzeitig

b) Hauptsatz: Vergangenheitsgruppe (vgl. § 33)

Steht der Hauptsatz in einer Zeitform der Vergangenheitsgruppe oder im Konditional, so steht der Konjunktiv des Nebensatzes im Imperfekt bzw. Plusquamperfekt.

Hauptsatz	Nebensatz: Congiuntivo imperfetto	
Voleva Volle / Ha voluto Vorrei	che **venisse** anche lei.	gleichzeitig bzw. nachzeitig
	Nebensatz: Congiuntivo trapassato	
Ero contento	che **fosse venuta** anche lei.	vorzeitig

Beachte

Je nach dem Sinn des Satzes sind auch andere Kombinationen möglich, z. B.
a) Credo che avesse già finito quando io arrivai.
b) Potrebbe darsi che arrivino oggi.

Der Bedingungssatz (Il periodo ipotetico) 35

Se-Satz	Hauptsatz
Indikativ	Indikativ
Se **ha** tempo, Wenn er Zeit hat, Se **avete lavorato** bene,	ti **scrive** / ti **scriverà.** schreibt er dir / wird er dir schreiben. **meritate** una ricompensa.
Konjunktiv Imperfekt	Konditional I
Se **avesse** tempo, Wenn er Zeit hätte, Se **costasse** di meno, Wenn es weniger kostete / kosten würde,	ti **scriverebbe.** würde er dir schreiben. lo **comprerei.** würde ich es kaufen.
Konjunktiv Plusquamperfekt	Konditional II
Se **avesse avuto** tempo, Wenn er Zeit gehabt hätte, Se **fosse venuta,** Wenn sie gekommen wäre,	ti **avrebbe scritto.** hätte er dir geschrieben. mi **sarei rallegrato.** hätte ich mich gefreut.

Je nach dem Sinn des Satzes sind auch andere Kombinationen möglich, z. B.

Se **aveste studiato, sapreste** di più. — Wenn ihr gelernt hättet, wüßtet ihr mehr.
Se **corri, potresti** raggiungerlo. — Wenn du rennst, könntest du ihn einholen.
Se **venisse,** gli **dirò** di aspettare. — Sollte er kommen / Falls er kommt, werde ich ...

Beachte

1. Nach *se* wenn kann kein Konditional stehen, wohl aber nach *se* ob:
   Avrei piacere **se venisse** a trovarmi. — ..., wenn Sie mich besuchen würden.
   Non sappiamo **se verrebbe.** — ..., ob er kommen würde.
2. In der Umgangssprache können sowohl Konjunktiv Plusquamperfekt als auch das Konditional II durch das Imperfekt ersetzt werden:
   Se l'**avessi saputo, sarei venuto.**
   = Se lo **sapevo, venivo.** } Wenn ich es gewußt hätte, wäre ich gekommen.
3. Anstelle eines *se*-Satzes kann stehen

a) ein präpositionaler Ausdruck, z. B.
   Senza il tuo aiuto sarebbe difficile. — Ohne deine Hilfe wäre es kaum möglich.

b) das Gerundium (vgl. § 42):
   Correndo potresti raggiungerlo. — Wenn du rennst, könntest du ihn einholen.

c) eine Partizipialkonstruktion (vgl. § 46):
   Partita lei, potremmo uscire. — Wenn sie fort wäre, könnten wir ...

d) eine Infinitivkonstruktion (vgl. § 41):
   A sentirlo si direbbe che è pazzo. — Wenn man ihn reden hört, könnte man meinen, ...

Konjunktionen, die Bedingungssätze einleiten, s. § 131, S. 132
(a condizione / patto che, a meno che non, nel caso che, purchè, qualora, supposto che)

Der Infinitiv (L'infinito)

Der Infinitiv ist eine Verbform, die auch als Substantiv verwendet wird.
Er kann wie ein gewöhnliches Substantiv den bestimmten Artikel bei sich haben:
Tra **il dire** e **il fare** c'è di mezzo il mare.
Col gridare non si ottiene nulla.
Nell' entrare ... Beim Hineingehen ...
Wie ein Verb kann er aber ein Objekt bei sich haben:
Uno dei miei passatempi è **collezionare francobolli.**
Il difficile stava **nel dirlo.**

Der Infinitiv verliert den Endvokal
a) immer, wenn unbetonte Personalpronomen angehängt werden (vgl. § 92):
Spero di **veder**lo.
Mi ripugna **parlar**ne.
b) häufig aus Wohllautsgründen, wenn z. B. ein Partizip oder ein Objekt folgt:
Mi pare di **aver** detto tutto.
È impossibile **saper** (e) tutto.

Der Infinitiv ohne Präposition 36

1. Der reine Infinitiv steht unabhängig

a) **Mangiare** e **bere** fa sempre bene. **Spendere** tutto questo denaro è stata una pazzia. Es war Wahnsinn, das ganze Geld auszugeben.	a) als vorangehendes Subjekt
b) Vivere è **lottare.**	b) als prädikative Ergänzung

Beachte
Der reine Infinitiv wird außerdem gebraucht
a) bei allgemeinen Anweisungen:
Agitare prima dell'uso. Vor Gebrauch schütteln.
b) als verneinter Imperativ der 2. Person Singular (vgl. § 11):
Non perdere la chiave. Verliere den Schlüssel nicht.
c) in Verbindung mit Fragewörtern in verkürzten Sätzen:
Che **fare?** Was tun?
Non so a chi **rivolger**mi. Ich weiß nicht, an wen ich mich wenden soll.
d) gelegentlich in lebhafter Erzählung nach *ecco:*
Ed ecco **venir** fuori un mio conoscente. Und da kam auf einmal ...

2. Der reine Infinitiv steht abhängig von Verben, und zwar

a) *Vuoi* **ripartire** così presto? *Devo* **scappare.** Vi *posso* **aiutare**? Luigi non *sa* **nuotare.** Perchè l'*hai fatto* **venire?** *Preferisco* **star**mene a casa. *Desidero* **parlar**gli subito. *Favorisca* **passar**mi il sale. Nessuno *osa* **contraddir**lo.	a) nach modalen Verben: volere lasciare dovere potere fare sapere – nach folgenden Verben: desiderare wünschen preferire vorziehen, lieber wollen Favorisca ... Würden Sie bitte ... osare wagen
b) Non ti *ho sentito* **chiamare.** L'*abbiamo visto* **partire.** *Guardava* i bambini **giocare.**	b) nach Verben der Wahrnehmung wie sentire ascoltare vedere guardare
c) *Bisogna* **confrontare** i prezzi. *Basta* **aver**lo visto. *Conviene* **dir**glielo. *Ti piacerebbe* **fare** una gita? *Mi secca* **ascoltare** le tue chiacchiere. *È permesso* **fumare?** *È pericoloso* **sporger**si. *È difficile* **imparare** il russo? *Sarà bene* **rivolger**si al direttore.	c) nach einer Reihe unpersönlicher Verben (vgl. Liste) – nach unpersönlichen Ausdrücken, die aus *essere* + Adjektiv bestehen (vgl. Liste)

Liste zu 2 c)

basta	es genügt, es reicht	è bene	es ist gut
bisogna	es ist nötig, man muß	è meglio	es ist besser
occorre	es ist nötig, man braucht	è utile	es ist nützlich
conviene	es ist angebracht, man muß	è impossibile	es ist unmöglich
mi piace	es gefällt mir	è difficile	es ist schwierig
mi ripugna	es widerstrebt mir	è vietato	es ist verboten
mi secca	es stört / ödet mich an	è permesso	es ist erlaubt
mi tocca	es ist an mir, ich muß	etc.	

Beachte

1. Nach den Verben *sembrare* scheinen, *sperare* hoffen, *dispiacere / rincrescere* leid tun kommt sowohl der reine Infinitiv als auch der Infinitiv mit *di* (vgl. § 37) vor:
   Mi dispiace **(di) non essere** venuto. Es tut mir leid, daß ich nicht gekommen bin.
   Nessuno *sembra* **accorgersene.** *Sembra* **di entrare** in un altro mondo.
2. Der Infinitiv wird gewöhnlich mit *di* angeschlossen

a) an die unpersönlichen Verben *parere* scheinen, *capitare / succedere* geschehen, passieren:
Gli *succede* spesso **di smarrire** la chiave. Es passiert ihm oft, ...

b) an unpersönliche Ausdrücke, die aus *essere* + Substantiv bestehen:
Non *è il caso* **di allarmarsi.** Es besteht kein Grund zur Beunruhigung.

Der Infinitiv mit »di« 37

Mit Ausnahme der in § 36 und in §§ 38–40 genannten Fälle wird der Infinitiv an Substantive, Adjektive und Verben mit der Präposition *di* angeschlossen, z. B.

Non ha *voglia* **di uscire.** Avresti il *coraggio* **di dir**glielo? Non hai *motivo* **di lagnar**ti.	Fammi il *piacere* **di accompagnar**la. Non vedo l'*ora* **di riveder**ti. È *tempo* **di andare** a casa.
Sono *certo* **di riuscire.** È *libero* **di fare** quello che vuole. *Contento* **di veder**la, l'abbracciò.	Ero *stanco* **di aspettare.** Sono *curioso* **di sapere** che dice lui. È *colpevole* **di aver commesso** un furto.
Gli *chiederò* **di far**lo subito. *Ho promesso* a Carlo **di venire.** Ci *ha proibito* **di fumare.** *Speravo* **di arrivare** in tempo.	*Penso* **di poter** venire presto. *Dubita* **di vincere.** *Si lamentava* **di** non **aver** tempo. *Ho dimenticato* **di portare** l'ombrello.

Zu den Verben, die den Infinitiv mit *di* anschließen, gehören unter anderen
- die meisten Verben der Willensäußerung (vgl. § 27), z. B. *permettere, ordinare, sperare*
  Ausnahmen: *volere, preferire* (vgl. § 36); *costringere, acconsentire* (vgl. § 38)
- die Verben der Gefühlsäußerung (vgl. § 28), z. B. *rallegrarsi, vergognarsi, temere*
- die Verben des Sagens und Denkens (vgl. § 29), z. B. *dire, credere, pensare, ammettere*

Der Infinitiv mit *di* wird auch gebraucht als Imperativ in der indirekten Rede:
Mi *ha detto* **di aspettar**lo. Er hat gesagt, daß ich auf ihn warten soll.

Der Infinitiv mit »a« 38

Der Infinitiv mit *a* steht zur Angabe von Ziel, Zweck, Bestimmung

1. nach einer Reihe von Verben (vgl. Liste S. 51)

Andiamo **a mangiare / a lavorare.** *Viene* **ad aprire** la porta. *Sono corso* **a chiamare** Paolo. *È uscito* **a fare** una passeggiata. *Sto* in casa **a sbrigare** le faccende. *Mi diverto* un mondo **a sciare.**	*Cominciarono* **a fischiare.** *Continua* **a leggere.** *Mi affretto* **a rispondere.** L'*hanno costretto* **ad andarsene.** *Ho imparato* **a suonare** il piano. Devo *aiutare* Gianni **a fare** il compito.

2. nach Adjektiven wie

a) Siamo *pronti* **a uscire.** Saresti *disposto* **a far**lo? Non è *abituata* **a risparmiare.**	a) pronto — deciso / risoluto disposto — occupato adatto — abituato
b) È un metodo *facile* **a capirsi.** leicht zu verstehen / leichtverständlich Carlo è *difficile* **a persuadersi.**	b) facile, difficile, interessante } Dabei wird der Infinitiv meist reflexiv gebraucht.

3. in verkürzten Sätzen:

a) *Il primo* **a venir**le in aiuto era lui. Der erste, der ... Tu sei *l'unico* **a saper**lo. È stato Carlo **a dir**melo.	a) anstelle einiger Relativsätze, besonders nach Ordnungszahlen und nach *il solo, l'unico, l'ultimo*
a) **A ripensar**ci provo vergogna di me stesso. Wenn ich daran zurückdenke, ...	b) anstelle einiger deutscher Nebensätze mit »wenn«

Liste zu 1. Der Infinitiv mit *a* steht

a) nach Verben der Bewegung wie *andare, venire, mandare, correre, condurre*

b) nach folgenden Verben:

abituarsi	sich gewöhnen	incoraggiare	ermutigen
acconsentire	einwilligen	insegnare	lehren
adoperarsi	sich bemühen	invitare	einladen
affrettarsi	sich beeilen	limitarsi	sich beschränken
aiutare	helfen	obbligarsi	sich verpflichten
autorizzare	ermächtigen	passare il tempo	sich die Zeit vertreiben
cominciare }	beginnen,	persuadere	überreden
mettersi }	sich daran machen	prepararsi	sich vorbereiten
condannare	verurteilen	rinunciare	verzichten
continuare	weitermachen, fortfahren	riuscire	es fertig bringen
contribuire	beitragen	risolversi	sich entschließen
costringere	zwingen	sforzarsi	sich zwingen
destinare	bestimmen	stare }	sein, bleiben
divertirsi	sich unterhalten	rimanere }	
esitare	zögern	stentare	Mühe haben
imparare	lernen	tardare	zögern
incitare	anregen		

Beachte

1. Bei einigen Verben sind verschiedene Konstruktionen möglich, z. B.
   pensare di, pensare a (ge)denken **Penso di** venire. – Non **penso a** difendermi.
   decidere di, decidersi a beschließen **Decise di** partire. – **Si decise a** partire.
   mi riesce di, riesco a es gelingt mir **Mi riesce di** farlo. – Non **riesco a** dormire.
2. Nach dem Vollverb *fare* steht der Infinitiv mit *a* (vgl. dagegen § 36):
   Faresti meglio **a partire.** Du tätest besser daran abzureisen.
   Come *si fa* **a convincer**lo? Wie macht man es / Wie kann man ...?

Wendungen

andare a prendere qn, qc	(ab)holen [gehen]	Vado a prendere delle sigarette.
venire a prendere qn, qc	(ab)holen [kommen]	Venite a prenderci alle nove.
andare a trovare qn	besuchen	Vado a trovare mio fratello.
venire a trovare qn	besuchen	Venga a trovarmi domani.
tornare a fare qc	wieder tun	Torna a raccontare le stesse storie.

Der Infinitiv mit »da« 39

Der Infinitiv mit *da* steht

1. una *macchina* **da scrivere** Schreibmaschine Non c'è *tempo* **da perdere.** la *somma* **da pagarsi** die zu zahlende Summe una *cosa* **da farsi** subito subito eine Sache, die sofort erledigt werden muß	1. zur Angabe von Zweck oder Bestimmung nach Substantiven
2. Non ho *nulla* **da dire.** *Che* trovate **da ridire** / da criticare? Ha *niente* **da dichiarare?** Mi porti *(qualcosa)* **da leggere.** *Che cosa* c'è **da bere?** Hanno appena **da mangiare.**	2. zur Angabe der Bestimmung nach Pronomen wie *qualcosa, che cosa, nulla, niente, poco, molto,* oder wenn eines dieser Wörter zu ergänzen ist
3. Appariva *così triste* **da far** pena. ... so traurig, daß er einem leid tat. Ha lavorato *tanto* **da ammalarsi.** Mi annoiavo **da morire.** Ich langweilte mich zu Tode.	3. zur Angabe der Folge nach *così* (+ Adjektiv/Adverb) und *tanto* (+ Adjektiv/Adverb), oder wenn eines dieser Wörter zu ergänzen ist
4. Era **da prevedere.** Es war vorauszusehen. Il terreno è **da vendere** ... ist zu verkaufen. Il suo coraggio è **da ammirare.** ... ist zu bewundern/bewundernswert.	4. nach *essere* mit passivischem Sinn
5. Hai **da ubbidire.** Du hast zu gehorchen. Ho **da fare.** Ich habe zu tun / muß arbeiten. Ho alcune sedie **da far** riparare. ... Stühle, die repariert werden müssen.	5. nach *avere* in der Bedeutung »müssen«

Unterscheide
La regola è facile **da capire / a capirsi.** Die Regel ist leicht zu verstehen.
È facile **capire** la regola. (vgl. § 36) Es ist leicht, die Regel zu verstehen.

Der Infinitiv mit weiteren Präpositionen 40

1. Vado a casa **per riposar**mi.	..., um mich auszuruhen.
Non trovo tempo **per studiare.**	... Zeit zum Lernen.
La vita è fatta **per essere goduta.**	..., damit man es genießt.
È troppo furbo **per essere ingannato.**	... zu schlau, als daß man ihn täuschen könnte.

Beachte. *stare per* + Infinitiv = »im Begriff sein, unmittelbar bevorstehen«:
Sta per piovere. Es wird gleich regnen. Sto per uscire. Ich will gerade ausgehen.

2. È partito **senza salutar**ci.	. . . , ohne sich . . . zu verabschieden.
Dopo aver detto ciò se ne andò.	Nachdem er das gesagt hatte, . . .
Prima di partire vorrei vederti.	Bevor ich abreise, . . .
Invece di parlare tacque.	Statt zu reden, . . .
Pur di vederti farei qualsiasi cosa.	Nur um dich zu sehen, . . .

Infinitivkonstruktionen anstelle von Nebensätzen 41

Anstelle eines von einer Konjunktion eingeleiteten Nebensatzes wird gewöhnlich eine Infinitivkonstruktion verwendet

1. wenn Haupt- und Nebensatz gleiches Subjekt haben:

Sono contento **di aver vinto.**	aber:	Sono contento che lui abbia vinto.
Ich freue mich, daß ich . . .		Ich freue mich, daß er . . .
Dice **di** non **aver** tempo.		Dice che Anna non ha tempo.
Er sagt, er habe keine Zeit.		Er sagt, Anna habe keine Zeit.
Vorrei riposarmi **prima di uscire.**		Vorrei tornare prima che faccia notte.
Ich möchte ausruhen, bevor ich . . .		Ich möchte umkehren, bevor es Nacht wird.

2. wenn kein bestimmtes Subjekt angegeben ist:

Bisogna **andar**ci subito.	aber:	Bisogna che io ci vada.
Es ist nötig / Man muß . . . hingehen.		Es ist notwendig, daß ich hingehe.
È impossibile **saper tutto.**		È impossibile che Carlo lo sappia.
Man kann unmöglich alles wissen.		Carlo kann es unmöglich wissen.

3. wenn das Subjekt des Nebensatzes im Hauptsatz als Objekt erscheint:

a) nach unpersönlich gebrauchten Verben wie *rincrescere, piacere, succedere:*

Ci rincresce **di aver**ti **offeso.**	aber:	Ci rincresce che sia ammalata.
Es tut uns leid, daß wir . . .		Es tut uns leid, daß sie . . .
Mi pare **di parlare** troppo.		Mi pare che tu parli troppo.
Mir scheint, ich rede zuviel.		Ich finde, du redest zuviel.

b) nach *ringraziare* und nach Verben der Willensäußerung wie *permettere, pregare, proibire, vietare, augurare, consigliare, raccomandare, proporre:*

Vi ringrazio **di essere venuti.**	*Mi* consiglieresti **di accettare?**
Ich danke euch, daß ihr . . .	*Gli* dico di passare alle otto.
Ti prego **di dir**mi la verità.	Ich sage ihm, er soll . . . vorbeikommen.
Ti auguro **di guarire** presto.	*Vi* permetto **di giocare.**

Das Gerundium (Il gerundio) 42

Das Gerundium ist wie der Infinitiv unveränderlich.
Unbetonte Objektpronomen werden an das Gerundium angehängt (vgl. § 90): vedendo**lo**

1. Das Gerundium der Gegenwart

Mi salutò **dicendo** che mi aveva aspettato. Er begrüßte mich und sagte (dabei), ... È caduta malamente **fratturando**si il braccio. ... und hat sich dabei den Arm gebrochen. Ci ascoltavano **sorridendo.** Sie hörten uns lächelnd zu.	Das Gerundium der Gegenwart bezeichnet eine Handlung, die gleichzeitig mit der des Hauptsatzes verläuft. Das Subjekt des Satzes ist zugleich Subjekt des Gerundiums.

Die Beziehung zum Hauptsatz kann sein

a) **Leggendo** la lettera, piangeva. Als/Während sie den Brief las, weinte sie. **Vedendo**lo, gli corsi incontro. **Andando** in macchina bisogna stare attenti. Beim Autofahren / Wenn man Auto fährt, ...	a) temporal (Betonung der Gleichzeitigkeit)
b) **Avendo** fame, entrò in un ristorante. Da er Hunger hatte, ... **Essendo** l'amico del direttore, sa tutto della ditta. Da er mit dem Direktor befreundet ist, ...	b) kausal (Angabe des Grundes)
c) Ho passato la serata a casa, **leggendo** e **guardando** la TV. ... den Abend mit Lesen und Fernsehen verbracht. **Sbagliando** s'impara. Durch Fehler lernt man.	c) modal (Angabe der Art und Weise oder des Mittels)
d) **Correndo** li raggiungerai. Wenn du rennst, ...	d) konditional (bedingend)
e) **Pur avendo** del denaro non sono ricco. Obwohl/Wenn ich auch etwas Geld habe, ...	e) in Verbindung mit *pure* konzessiv (einräumend)

Beachte
Das Gerundium kann in Kausalsätzen ein eigenes Subjekt haben; dieses Subjekt wird dem Gerundium nachgestellt:
Dicendolo *lui / tuo padre,* ci credo. Da er / dein Vater es sagt, glaube ich daran.

2. »stare« und »andare« + Gerundium

a) **Sto scrivendo.** Ich schreibe gerade. **Stavamo cenando** quando arrivò Gino. Wir waren gerade beim Abendessen, als ...	a) *stare* + Gerundium betont den momentanen Ablauf eines Vorgangs.
b) Il denaro **va** sempre più **diminuendo.** Das Geld wird ständig weniger (wert). **Va raccontando** dappertutto che ... Er erzählt überall herum, daß ...	b) *andare* + Gerundium betont die allmähliche Entwicklung oder die ständige Wiederholung eines Vorgangs.

Beachte
Unbetonte Objektpronomen stehen vor *stare* + Gerundium:
Di che cosa *ti* **stai preoccupando?** Worüber machst du dir (im Augenblick) Sorgen?

3. Das Gerundium der Vergangenheit

Avendo lavorato a lungo, vorrei riposarmi. Da ich lange gearbeitet habe, ... Non **essendo stata** alla riunione, Carla non sa le ultime notizie. **(Avendo) detto** ciò, se ne andò. Nachdem ...	Das Gerundium der Vergangenheit bezeichnet eine vorausgehende Handlung. Es gehört der Schriftsprache an und wird gewöhnlich nur kausal oder temporal gebraucht.

Das Partizip (Il participio)

Das Partizip Präsens 43

Das Partizip Präsens ist eine veränderliche Verbform. Es wird sehr selten gebraucht (anstelle eines Relativsatzes) und findet sich nur in gehobener Sprache und im Amtsstil:
la luna, **brillante** sul mare = la luna **che brillava** sul mare
gli alunni **partecipanti** alla gara = gli alunni **che partecipano** alla gara.
Es gibt aber viele Adjektive und Substantive, die der Form nach Partizip Präsens sind, z. B. acqua corrente fließendes Wasser, la corrente Strom, pesante schwer, lo studente

Beachte
Einem deutschen Partizip Präsens kann im Italienischen entsprechen
a) ein Relativsatz: un bambino **che ride** ein lachendes Kind
b) ein präpositionaler Ausdruck, z. B. dalla vettura **in moto** vom fahrenden Wagen
c) ein Partizip Perfekt, z. B. un bambino **addormentato** ein schlafendes Kind
d) das Gerundium (vgl. § 42): Ci ascoltava **sorridendo.** Sie hörte uns lächelnd zu.

Das Partizip Perfekt in Verbindung mit »avere« 44

Direktes Objekt	Hilfsverb *avere*	Partizip Perfekt + Objekt	
a)	Abbiamo Ho Hai Avete	camminato. scritto a Mario. trovato i libri? visto Maria?	a) Das mit *avere* verbundene Partizip Perfekt bleibt gewöhnlich unverändert.
b) *L'(=Lo)* *L'(=La)* *Li* *Le*	abbiamo hai ho avete	visto. vista? visti. viste?	b) Es muß sich aber nach einem Personalpronomen der 3. Person richten, wenn dieses als direktes Objekt vorausgeht.
c) Perchè non *ci* Ecco i fiori *che* *Quante foto* — *Ne*	hanno ho hai ho Hanno	salutati/salutato? comprati/comprato. prese/preso? presa/preso *una.* avuto/(avuta) *paura.*	c) Es kann sich nach sonstigen direkten Objekten richten oder unverändert bleiben.

Das Partizip Perfekt in Verbindung mit »essere« 45

Subjekt	Hilfsverb *essere*	Partizip Perfekt	
Il treno Mia madre I signori Le mie amiche	è è sono erano	partito. partita. partiti. partite.	Das mit *essere* verbundene Partizip Perfekt richtet sich in Geschlecht und Zahl nach dem Subjekt. Dies gilt auch für
Roberto L'esposizione	è / viene è	lodato. stata inaugurata.	Verben im Passiv und
I ragazzi si (Noi) ci	sono siamo	lavati. scritti.	Verben, die ein Reflexivpronomen bei sich haben.

Veränderlichkeit des Partizip Perfekt bei der *si*-Konstruktion s. § 19

Beachte
Ist das Reflexivpronomen indirektes Objekt, so kann sich das Partizip Perfekt statt nach dem Subjekt auch nach einem direkten Objekt richten:
Carla si è **lavata** le mani.
Carla si è **lavate** *le mani.*

Das Partizip Perfekt ohne Hilfsverb 46

Tutti rimasero **sorpresi.** È *un passaggio* **proibito.** Trovai *il bicchiere* **rotto.** **Fumate** *due sigarette,* se ne andò.	Das Partizip Perfekt ohne Hilfsverb richtet sich in Geschlecht und Zahl nach dem Wort, auf das es sich bezieht.

Unbetonte Objektpronomen werden angehängt an das ohne Hilfsverb gebrauchte Partizip Perfekt (vgl. § 90): detto**gli**, lavato**si**

Das Partizip Perfekt ohne Hilfsverb wird gebraucht

1. anstelle von Relativsätzen

Ecco *le lettere* **scritte**mi da Paolo.	... die Briefe, die mir Paolo geschrieben hat.
La comitiva **giunta** ieri partirà oggi.	Die Gruppe, die gestern angekommen ist, ...
Ci ha portato duecento *sigarette* **acquistate** sull'aereo.	... Zigaretten, die er im Flugzeug gekauft hatte.

2. anstelle von Nebensätzen der Zeit und des Grundes

a) bezogen auf das Subjekt des Hauptsatzes

Tornati all'albergo, *tutti* si sedettero a tavola.	Als / Nachdem sie ... zurückgekehrt waren, setzten sich alle zu Tisch.
Appena **guariti** potrete partire.	Sobald ihr wieder gesund seid, könnt ihr ...
Preoccupata per il suo silenzio, *mia madre* gli scrisse una lettera.	Da meine Mutter ... beunruhigt war, ...

b) mit eigenem Beziehungswort (absolutes Partizip Perfekt)

Terminata *la gara,* lo stadio si vuotò.	Als der Wettkampf beendet war, ...
Parcheggiata *la macchina,* raggiunse gli amici. (= dopo aver parcheggiato la macchina)	Nachdem er das Auto geparkt hatte, ...
Crollato *il ponte,* dovemmo tornare in paese.	Da die Brücke eingestürzt war, ...

Beachte

Ist das Beziehungswort des absoluten Partizip Perfekt ein Personalpronomen, so steht die betonte Form (vgl. § 86):

Arrivato *io,* tutti si sedettero.	Nachdem ich angekommen war, ...
Partita *lei,* potremmo uscire.	Wenn sie fort wäre, könnten wir ...

Wendungen

Ecco fatto!	So, das hätten wir!	visto che	da
Benvenuto!	Willkommen!	dato che	weil

Das Verb und seine Ergänzungen
(I complementi del verbo)

Subjekt + Verb	Direktes Objekt	Indirektes/ Präpositionales Objekt	Prädikative Ergänzung zum direkten Objekt	zum Subjekt
Vedo	un conoscente.			
Carlo mostrò	la lettera	ai genitori.		
Parlarono		di politica.		
Mio padre è				medico.
Teresa pare				guarita.
Maria ha	gli occhi		neri neri.	
Considero	Serena		mia amica.	

Verben mit direktem Objekt 47

Devo **aiutare mia sorella** a fare i compiti.	Ich muß meiner Schwester helfen ...
La ringraziò dell'invito.	Er dankte ihr für die Einladung.
Non ho potuto **seguirlo.**	Ich konnte ihm nicht folgen.
Nessuno osa **contraddire Carlo.**	Keiner wagt, Carlo zu widersprechen.
L'ho incontrato per strada.	Ich bin ihm auf der Straße begegnet.

Einer Reihe italienischer Verben mit direktem Objekt entsprechen deutsche Verben mit indirektem Objekt, z. B.

aiutare qn	helfen
applaudire qn	Beifall klatschen
ascoltare qn	zuhören
assistere qn	beistehen
compiacere qn	gefällig sein
contraddire qn	widersprechen
dissuadere qn	abraten
incontrare qn	begegnen
insidiare qn	nachstellen
minacciare qn	drohen
precedere qn	vorangehen
prevenire qn	zuvorkommen
ringraziare qn	danken
seguire qn	folgen
soccorrere qn	helfen
ubbidire qn	gehorchen

Beachte

Diese Verben können im Gegensatz zu den entsprechenden deutschen Verben ein persönliches Passiv bilden (vgl. § 13):

Paolo **è ubbidito.** Man gehorcht Paolo.

Verben mit direktem und indirektem Objekt 48

	Direktes Objekt	Indirektes Objekt mit »a«
a) Ho chiesto	l'ora	a un passante.
Roberto insegna	l'italiano	agli stranieri.
Il postino ha dato	due lettere	a mio padre.
Abbiamo offerto	un caffè	alla signora.
b) Manderò	la lettera	a Carlo / a lui.
Gli manderò	la lettera.	
Gliela manderò.		

a) Bei Verben mit direktem und indirektem Objekt wird das indirekte Objekt mit *a* (Personenobjekt) gewöhnlich dem direkten Objekt (Sachobjekt) nachgestellt.
Solche Verben sind z. B.

chiedere qc a qn domandare qc a qn	fragen, bitten, verlangen	offrire qc a qn	anbieten
		permettere qc a qn	erlauben
comunicare qc a qn far sapere qc a qn	mitteilen, wissen lassen	prestare qc a qn	leihen
		promettere qc a qn	versprechen
confidare qc a qn	anvertrauen	raccontare qc a qn	erzählen
dare qc a qn	geben	rendere qc a qn restituire qc a qn	zurückgeben
dire qc a qn	sagen		
insegnare qc a qn	lehren	spedire qc a qn mandare qc a qn	schicken
mostrare qc a qn far vedere qc a qn	zeigen, sehen lassen		
		togliere qc a qn	wegnehmen

b) Sind die Objekte unbetonte Personalpronomen, so stehen sie (in der Reihenfolge indirektes Objekt – direktes Objekt) unmittelbar vor dem konjugierten Verb (vgl. §§ 89–91).

Beachte

1. Ist das direkte Objekt ein Infinitiv oder ein Nebensatz, so wird es dem indirekten Objekt nachgestellt:
   Ho promesso a Carlo di venire.
   Ho scritto a Gina che tutto va bene.
2. Das direkte Objekt wird gelegentlich dem indirekten Objekt nachgestellt, wenn es länger ist als das indirekte oder wenn es besonders betont werden soll:
   Ho scritto una lettera di cinque pagine a Carlo.
   Ho scritto a Carlo una lettera di cinque pagine.
3. Soll ein Objekt besonders betont werden, so wird es in der Umgangssprache häufig doppelt ausgedrückt (vgl. § 93):
   I miei libri non **li** presto a nessuno. — Meine Bücher leihe ich keinem.
   Telefonerò a mia sorella e **la sua risposta** glie**la** farò sapere. — ... ihre Antwort werde ich Ihnen dann mitteilen.

Verben mit einem indirekten/präpositionalen Objekt 49

1. Verben mit »a« (vgl. auch § 48)

Bisogna **telefonare a suo padre.**	Man muß seinen Vater anrufen.
Perchè non **rispondi a questa domanda?**	Warum beantwortest du diese Frage nicht? / Warum antwortest du nicht auf ...
Vorrei **parlare al signor Neri.**	Ich möchte Herrn Neri sprechen.
Badate ai bambini!	Achtet auf die Kinder!

abituarsi a	sich gewöhnen an	riflettere a	nachdenken über
badare a	achten auf	rinunciare a	verzichten auf
concorrere a	sich bewerben um	rispondere a	beantworten
contribuire a	beitragen zu	sopravvivere a	überleben
parlare a	sprechen (zu)	telefonare a	telefonieren mit

Beachte

Die Präposition *a* entfällt, wenn das Objekt durch ein unbetontes Personalpronomen (vgl. § 87) oder durch das Pronominaladverb *ci* (vgl. § 88) vertreten ist:

Si avvicina a Maria. / **Le** si avvicina.	Er nähert sich Maria. / Er nähert sich ihr.
Aber: Penso a Maria. / Penso a lei.	Ich denke an ...
Si avvicina al ponte. / **Ci** si avvicina.	Er nähert sich der Brücke. / Er nähert sich ihr.

2. Verben mit »di«

Si è **accorto del mio sbaglio?**	Hat er meinen Fehler bemerkt?
Non mi **fido di loro.**	Ich traue ihnen nicht.
Dubita delle proprie forze.	Er zweifelt an ...
Mi **contenterò di un panino.**	Ich begnüge mich mit ...

accusare di	anklagen wegen	meravigliarsi di	sich wundern über
(ac)contentarsi di	sich begnügen mit	occuparsi di	sich beschäftigen mit
accorgersi di	(be)merken	parlare di	sprechen von
approfittare di	nützen	pentirsi di	bereuen
dubitare di	zweifeln an	rallegrarsi di	sich freuen über
fidarsi di	trauen	ricordarsi di	sich erinnern an
innamorarsi di	sich verlieben in	ridere di	lachen über
intendersi di	sich verstehen auf	riempire di	füllen mit
interessarsi di	sich interessieren für	trattarsi di	sich handeln um
lamentarsi di	sich beklagen über	vergognarsi di	sich schämen wegen

Beachte

Anstelle einer Ergänzung mit *di* kann für Personen und Sachen das Pronominaladverb *ne* stehen (vgl. § 88):

Ti ricordi di Mario / di quel caso?	Erinnerst du dich an Mario / an den Fall?
— Sì, me **ne** ricordo.	— Ja, ich erinnere mich an ihn / daran.

3. Verben mit weiteren Präpositionen

Guardatevi da lui.	Hütet euch vor ihm!
Bisogna **difenderla da loro.**	Man muß sie verteidigen gegen ...
Mi **congratulo con te** di questo successo.	Ich gratuliere dir zu diesem Erfolg.

discendere da	abstammen von	confidarsi con	sich anvertrauen
difendere da	verteidigen gegen	congratularsi con qn di qc	gratulieren
guardarsi da	sich hüten vor		
liberare da	befreien von	prendere per	halten für
preservare da	bewahren vor	insistere su	bestehen auf
salvare da	retten vor	scegliere fra	wählen unter/zwischen

Verben mit verschiedenen Konstruktionen 50

Bisogna assistere gli amici. Ha assistito alle nozze.	assistere qn assistere a qc	jdm beistehen, helfen anwesend sein bei
Tutto è cambiato. Ha cambiato treno. umgestiegen Bisogna cambiarsi.	cambiare cambiare qc cambiarsi	sich ändern etw ändern, wechseln sich umziehen
Ha chiesto mille lire. Deve chiedere al padrone. Gli ho chiesto un favore.	chiedere qc chiedere a qn chiedere qc a qn	etw fragen, verlangen jdn fragen, ihn bitten jdn etw fragen, ihn bitten um
Lo consigliò da amico. Gli consigliò la massima prudenza / di consultare un avvocato.	consigliare qn consigliare qc a qn	jdn beraten jdm zu etw raten
Non credo una sola parola. Non gli ho mai creduto. Crede ai fantasmi. Credo in lui/nell'umanità. Vi credevo all'estero. vgl. § 51	credere qc credere a qn credere a qc credere in qn/qc	etw glauben jdm glauben an etw glauben an jdn glauben, ihm vertrauen
Non gli domanderò nulla. Domandano di Lei al telefono.	domandare qc a qn domandare di qn	vgl. *chiedere* nach jdm fragen
Faccio copiare la lettera. Faccio venire Paolo. Faccio copiare la lettera a Paolo. / Gli faccio copiare la lettera. Ich lasse ihn den Brief abschreiben.	*fare* + Infinitiv Hat *fare* + Infinitiv ein Sachobjekt bei sich, so ist im Italienischen das Personenobjekt indirekt.	(veran)lassen
Lascialo partire. Lascia fare (questo) a me.	*lasciare* + Infinitiv vgl. *fare*	(zu)lassen

Mi manca il tempo.	mancare	fehlen
Mancano dieci giorni a Natale.		
Maria è mancata a scuola.		
Ha mancato al suo dovere.	mancare a qc	gegen etw fehlen, verstoßen
La città manca d'acqua.	mancare di qc	Mangel an etw haben
Vorrei parlare al padrone.	parlare a qn	jdn sprechen, ihm etw vortragen
Parlavano di politica.	parlare di qn/qc	über jdn/etw sprechen
Mario parla con un amico.	parlare con qn	mit jdm sprechen
Le è passato quel disturbo di ieri?	passare (a qn)	vorbeigehen
Ha passato la frontiera / un anno a Roma.	passare qc	überschreiten; (Zeit) verbringen
Mi passi il sale, per favore.	passare qc a qn	jdm etw reichen
Rispondo alla tua lettera.	rispondere a qc	etw beantworten
Gli risposi subito.	rispondere a qn	jdm antworten
Non rispondo di questa persona.	rispondere di qn/qc	für jdn/etw einstehen
Lo sappiamo di certo.	sapere qc	wissen, können
La minestra non sa di niente.	sapere di qc	schmecken/riechen nach
Serviti pure.	servire qn	jdn bedienen; jdm dienen
Ti serve ancora questo libro? Brauchst du dieses Buch noch?		
Non si può servire due padroni.		
Serva la frutta.	servire qc	etw servieren
Non serve a nulla piangere.	servire a qc	zu etw dienen/gut sein
Non sa servirsi del registratore.	servirsi di qc	sich einer Sache bedienen

Die prädikative Ergänzung 51

Die prädikative Ergänzung kann ein Adjektiv oder ein Substantiv sein. Sie bezeichnet eine Eigenschaft des Subjekts oder Objekts und richtet sich nach ihrem Beziehungswort.

Subjekt präd. Ergänzung	Objekt präd. Ergänzung
Carla è **mia amica.**	*Lo* fecero **loro capo.**
I nonni vivono **soli.**	La vita *ci* ha resi **pessimisti.**
È **mio dovere** aiutarti.	*Lo* considero **mio dovere.**
Anna diventò **rossa.**	Molti *la* credevano **morta.**
Ci siamo sempre sentiti **europei.**	Non posso immaginarme*lo* **professore.**
È nato **povero/milionario.**	Il sindaco dichiarò **aperta** *la seduta.*
Molti furono fatti **prigionieri.**	I delegati *lo* elessero **presidente.**
Fanfani fu nominato **ministro.**	Hanno nominato **ministro** *Fanfani.*
I Bianchi sono arrivati **primi.**	Fabio ha *la moglie* **ammalata.**

Die prädikative Ergänzung steht (ohne Präposition) nach Verben wie

essere	sein	considerare	betrachten als
parere/sembrare	scheinen	ritenere	halten für
(re)stare/rimanere	bleiben	credere	halten für
divenire/diventare	werden	trovare	finden, halten für
farsi	werden	lasciare	lassen
sentirsi	sich fühlen als	immaginarsi	sich vorstellen als
nascere	geboren werden als	fare (+ Substantiv)	machen zu
morire	sterben als	rendere (+ Adjektiv)	machen
ritornare	zurückkehren als	eleggere	wählen zu
mostrarsi	sich zeigen als	nominare	ernennen zu

Beachte

1. Nach einigen Verben wird die prädikative Ergänzung mit einer Präposition angeschlossen, z. B. prendere per (irrtümlich) halten für, trattare da behandeln als
2. Die prädikative Ergänzung steht im Plural, wenn sie sich auf ein unbestimmtes Subjekt (dt. »man«) bezieht (vgl. § 19):
   Quando si è **malati,** non si fuma. — Wenn man krank ist, ...
   Bisogna essere **prudenti.** — Man muß vorsichtig sein.
3. In der prädikativen Ergänzung entfällt gewöhnlich der bestimmte Artikel vor Possessivpronomen (vgl. § 96):
   È mio dovere aiutarti. — Es ist meine Pflicht, dir zu helfen.

Das Substantiv (Il nome/sostantivo)

Männliche und weibliche Substantive 52

Die italienische Sprache hat zwei grammatische Geschlechter:
das männliche (Maskulinum) und das weibliche (Femininum).

1. Substantive auf -o

il ragazzo il cavallo il ciliegio	il naso il tempo il viaggio	Substantive auf *-o* sind männlich.

Ausnahmen
la mano Hand, l'eco Echo (im Plural männlich: gli echi), la moto(cicletta), la dinamo
la radio Radio (aber: il radio Radium), l'auto(mobile), la foto(grafia)

2. Substantive auf -a (vgl. auch 4)

la ragazza la pantera la ciliegia	la bocca la sera la bellezza	Substantive auf *-a* sind in der Regel weiblich.

Ausnahmen

a)

il cinema	il panorama	il sistema	il gorilla, il boa
il clima	il pigiama	il telegramma	il pianeta Planet
il diploma	il problema	il tema	il vaglia postale
il dramma	il programma	l'orchestra	Postanweisung

b) Substantive und Namen auf *-a*, die männliche Personen bezeichnen, z. B.

il papa	il despota	il pilota	il pascià Pascha
il poeta	il profeta	il duca Herzog	Andrea Andreas

c) Substantive auf *-ista*, wenn sie männliche Personen bezeichnen (vgl. §§ 53, 55):

l'artista	il dentista	il pianista	il socialista
l'autista	il giornalista	il regista	il turista

Unterscheide

il banco	Bank, Theke	la banca	Bank (Geldinstitut)
il foglio	Blatt (Papier)	la foglia	Blatt (einer Pflanze)
il modo	Art, Weise	la moda	Mode
il punto	Punkt	la punta	Spitze

3. Substantive auf -e

Substantive auf *-e,* die Personen bezeichnen, richten sich nach dem natürlichen Geschlecht (vgl. § 53): il padre — la madre, il cantante — la cantante

Bei den meisten anderen Substantiven auf *-e* geben weder Form noch Bedeutung einen Anhaltspunkt für das Geschlecht:

a) Männlich sind z. B.		b) Weiblich sind z. B.	
il latte	die Milch	la legge	das Gesetz
il ponte	die Brücke	la torre	der Turm
il sole	die Sonne	la volpe	der Fuchs

Unterscheide:

il capitale	das Kapital	la capitale	die Hauptstadt
il fine	das Ziel, der Zweck	la fine	das Ende
il fronte	die Front	la fronte	die Stirn, die Vorderseite

In einigen Fällen gibt die Endung einen Anhaltspunkt für das Geschlecht des Wortes:

a) Männlich sind in der Regel Substantive auf

-one	-ore	-ale	-ile
il carbone il melone il sapone	il colore il cuore il fiore	il canale il giornale l'ospedale	il campanile il cortile il fucile
Ausnahmen: la canzone, la cambiale Wechsel, la filiale, la morale, la spirale			

b) Weiblich sind in der Regel Substantive auf

-ione	-ice	-ie	-aggine
la lezione la ragione la stazione	la pendice la radice la lavatrice	la serie la specie la superficie	la stupidaggine la sfacciataggine Unverschämtheit
Ausnahmen: il campione, il lampione, il milione, il rione Stadtviertel			

4. Substantive auf -tà und -tù

la città la verità	la gioventù la virtù	Substantive auf -tà und -tù sind weiblich.

5. Substantive, die mit Konsonant enden

lo sport il bar	il tram il nord	Substantive, die mit einem Konsonanten enden, sind männlich.

6. Substantive auf -i

a) Männlich sind z. B. il dì, il tassì, il brindisi Trinkspruch, il portafogli, il saliscendi Riegel

b) Weiblich sind z. B. l'analisi, la crisi, la paralisi, la parentesi, l'oasi

Maskulinum und Femininum bei Lebewesen 53

Das grammatische Geschlecht der Substantive, die Personen bezeichnen, stimmt mit dem natürlichen Geschlecht überein: il padre, la madre; il figlio, la figlia
Ausnahmen: la spia Spion(in), la guida Führer, la recluta Rekrut, il donnone Mannweib

Das grammatische Geschlecht der Tiernamen kann in einigen Fällen dem natürlichen Geschlecht entsprechen: il toro, la vacca; il lupo, la lupa; il gatto, la gatta
Meist steht jedoch die männliche bzw. weibliche Gesamtbezeichnung: il lupo, la volpe

Kennzeichnung des Femininums

a) Das Femininum wird im allgemeinen durch die Endung *-a* gekennzeichnet:

Mask. *-o*	Fem. *-a*	Mask. *-e*	Fem. *-a*
il figlio	la figlia	il signore	la signora
il postino	la postina	il padrone	la padrona
il lupo	la lupa	il cameriere	la cameriera
Antonio	Antonia	il giardiniere	la giardiniera

b) Eine Reihe von Substantiven haben eine besondere Endung für das Femininum:

Mask. *-tore*	Fem. *-trice*	Mask. *-e*	Fem. *-essa*
il lavoratore	la lavoratrice	il conte	la contessa
l'attore	l'attrice	il professore	la professoressa
il pittore	la pittrice	lo studente	la studentessa
l'imperatore	l'imperatrice	il leone	la leonessa

Beachte

1. Folgende Substantive bilden das Femininum unregelmäßig:

il cane	— la cagna	il re	— la regina
il gallo	— la gallina	il dio	— la dea

2. In einigen Fällen sind Maskulinum und Femininum ganz verschieden:

il padre	— la madre	il montone	— la pecora
il fratello	— la sorella	il toro }	— la vacca
il marito	— la moglie	il bue }	

Maskulinum und Femininum haben dieselbe Form (vgl. aber Plural, § 55)

Eine Reihe von Personenbezeichnungen (meist auf *-ante, -ente, -ese, -ista*) werden für männliche und für weibliche Personen gebraucht:

il/la cantante	Sänger/Sängerin	il/la pianista	Pianist/Pianistin
il/la cliente	Kunde/Kundin	l'artista	Künstler/Künstlerin
il/la paziente	Patient/Patientin	il/la turista	Tourist/Touristin
il/la francese	Franzose/Französin	il/la collega	Kollege/Kollegin
il/la viennese	Wiener/Wienerin	il/la nipote	Neffe/Nichte

Das Geschlecht einiger Sachnamen, Eigennamen, Abstrakta 54

Männlich sind in der Regel die Namen der

Bäume	il melo	Apfelbaum
	il pero	Birnbaum
	il ciliegio	Kirschbaum
	il pino	Pinie
	il noce	Nußbaum
Büsche	il rovo	Brombeerstrauch
Ausnahmen	la betulla	Birke
	la quercia	Eiche
	la palma	Palme
	la vite	Rebe

Berge Gebirge Pässe	il Vesuvio, l'Etna gli Appennini, i Pirenei il Gottardo, il Maloja
Ausnahmen	le Alpi, le Dolomiti la Marmolada, le Ande le Cordigliere

Flüsse	il Reno, il Danubio Donau il Tevere, l'Adige Etsch il Tamigi Themse, il Volga
Seen	il (lago di) Garda
Meere	il (mare) Mediterraneo
Ausnahmen	la Senna Seine l'Elba la Cecina l'Adda

chemische Elemente	il ferro, il rame Kupfer il fluoro, lo zolfo Schwefel

Weiblich sind in der Regel die Namen der

Früchte	la mela	Apfel
	la pera	Birne
	la ciliegia	Kirsche
	la pigna	Pinienzapfen
	la noce	Nuß
	la mora	Brombeere
Ausnahmen	il fico	Feige(nbaum)
	il dattero	Dattel(palme)
	il limone	Zitrone(nbaum)
	l'ananasso	Ananas

Städte	la bella Napoli la grande Berlino l'antica Pompei
Ausnahmen	il Cairo il Pireo

Erdteile Länder	l'Europa, l'America la Francia, l'Italia la Toscana, la Baviera
Inseln	la Sicilia, la Sardegna la famosa Capri
Ausnahmen	il Belgio, il Veneto il Brasile, il Giappone il Perù, il Canadà, gli USA il Pakistan, il Madagascar

Kraftfahrzeuge	una Fiat, una Mercedes una Cinquecento

Männlich sind ferner

- Namen von Monaten und Wochentagen:
  (il) gennaio, (il) dicembre, (il) lunedì, (il) sabato. Ausnahme: la domenica
- gelegentlich substantivierte Wörter aus anderen Wortarten, z. B. Infinitive oder Zahlen:
  il piacere das Vergnügen, il dovere die Pflicht, il due die Zwei, il bene das Gute

Der Plural der Substantive 55

1. Kennzeichnung des Plurals durch die Endung

a) Singular *-o*	Plural *-i*	c) Singuar *-e*	Plural *-i*
il ragazzo	i ragazzi	il padre	i padri
il cavallo	i cavalli	il ponte	i ponti
il tetto	i tetti	il cantante	i cantanti
la mano	le mani	il fiore	i fiori
b) Singular *-a*	Plural *-e*		
la ragazza	le ragazze	la madre	le madri
la giornalista	le giornaliste	la torre	le torri
la scala	le scale	la cantante	le cantanti
la scuola	le scuole	la valle	le valli
Männliche Substantive auf *-a* (vgl. § 52) bilden den Plural auf *-i*:			
il poeta	i poeti	il programma	i programmi
il giornalista	i giornalisti	il telegramma	i telegrammi

2. Singular und Plural haben dieselbe Form

a) la città la virtù il caffè	le città le virtù due caffè	a) bei Substantiven, die mit betontem Vokal enden
b) il film il lapis il re	i film i lapis i re	b) bei Substantiven, die mit einem Konsonanten enden oder nur eine Silbe haben
c) la crisi la specie	le crisi le specie	c) bei Substantiven auf *-i* und *-ie*

Ebenso bei den Substantiven *auto, cinema, foto, moto, radio, vaglia:* le auto

Beachte

1. Einige Substantive werden nur im Singular gebraucht, z. B.

la gente	die Leute	la roba	die Sachen, das Zeug

La gente dice ... Die Leute sagen ...

2. Einige Substantive werden nur im Plural gebraucht, z. B.

i dintorni	die Umgebung	gli occhiali	die Brille
le nozze	die Hochzeit	le forbici	die Schere
gli spiccioli	das Kleingeld	le tenaglie	die Zange
i viveri	die Lebensmittel	i pantaloni	die Hose
i baffi	der Schnurrbart	le mutande	die Unterhose

I baffi gli stanno molto bene. Der Schnurrbart steht ihm sehr gut.

Besonderheiten bei der Pluralbildung 56

1. Substantive auf -co und -go

	Singular *-co*	Plural *-chi*	Singular *-go*	Plural *-ghi*
mit Ton auf vorletzter Silbe	il banco il pacco il tedesco	i ban**chi** i pac**chi** i tedes**chi**	il lago il luogo l'albergo	i la**ghi** i luo**ghi** gli alber**ghi**
		Plural *-ci*		Plural *-gi*
mit Ton auf drittletzter Silbe	il medico l'austriaco	i medici gli austriaci	il teologo l'asparago	i teologi gli asparagi

Ausnahmen

a) l'amico — gli amici, il nemico — i nemici, il greco — i greci, il porco — i porci
b) il carico — i carichi; il catalogo — i cataloghi

2. Substantive auf -ca und -ga

	Singular *-ca*	Plural *-che, -chi*	Singular *-ga*	Plural *-ghe, -ghi*
weibl. Substantive	l'amica la bocca la tedesca	le ami**che** le boc**che** le tedes**che**	la bottega la paga la collega	le botte**ghe** le pa**ghe** le colle**ghe**
männl. Substantive	il duca	i du**chi**	il collega	i colle**ghi**

Ausnahme: il/la belga — i bel**gi** — le belghe

3. Substantive auf -cia und -gia

	Singular *-cia*	Plural *-ce*	Singular *-gia*	Plural *-ge*
mit vorangehendem Konsonant	l'arancia la goccia	le arance le gocce	la frangia la spiaggia	le frange le spiagge
		Plural *-cie*		Plural *-gie*
mit vorangehendem Vokal	la camicia l'audacia	le camicie le audacie	la ciliegia la valigia	le ciliegie le valigie

Betontes *i* bleibt erhalten: la farmacia — le farmacie, la bugia — le bugie

4. Substantive auf -io und -ia

	Singular *-io*	Plural *-i*	Singular *-ia*	Plural *-ie*
mit unbetontem *i*	l'armadio il figlio	gli armadi i figli	la famiglia la figlia	le famiglie le figlie

Betontes *i* bleibt erhalten: lo zio — gli zii, il pendio Abhang — i pendii

Substantive mit unregelmäßigem Plural 57

l'uomo	Mann	— gli uomini	l'uovo	Ei	— le uova
il dio	Gott	— gli dei	il paio	Paar	— le paia
il tempio	Tempel	— i templi	il riso	Lachen	— le risa
il bue	Ochse	— i buoi			
l'ala	Flügel	— le ali	il centinaio	etwa 100	— le centinaia
l'arma	Waffe	— le armi	il migliaio	etwa 1000	— le migliaia
la moglie	(Ehe)frau	— le mogli	il miglio	Meile	— le miglia

Substantive mit zwei Pluralformen 58

Einige männliche Substantive auf *-o* haben neben einer männlichen Pluralform auf *-i* eine weibliche Pluralform auf *-a*. Meist liegt ein Unterschied in der Bedeutung vor.

Singular	weibliche Pluralform	männliche Pluralform
il braccio	**le braccia** dell'uomo Arme des Menschen	**i bracci** del fiume / della croce Arme (übertragen)
il ciglio	**le ciglia** degli occhi Wimpern	**i cigli** della strada / del fosso Ränder
il corno	**le corna** del toro Hörner, Geweih	**i corni** di un orchestra Hörner (Musikinstrumente)
il dito	**le dita** della mano / del piede Finger, Zehen	Questi due **diti** mi fanno male. Finger, Zehen
il filo	**le fila** di una congiura Fäden (übertragen)	**i fili** di telegrafo Fäden, Drähte (konkret)
il fondamento	**le fondamenta** di una scienza Grundlagen	**i fondamenti** dell'edificio Grundmauern
il frutto	**le frutta / la frutta** Obst	**i frutti** dell'albero / del lavoro Früchte (auch übertragen)
il ginocchio	**le ginocchia** Knie	**i ginocchi** Knie
il grido	**le grida** degli uomini Schreie (von Menschen)	**i gridi** degli animali Schreie (von Tieren)
il labbro	**le labbra** della bocca Lippen	**i labbri** del vaso / della ferita Rand, Ränder
il lenzuolo	**le lenzuola** Garnitur aus Ober- und Unterleintuch	**i lenzuoli** Leintücher (einzeln)
il membro	**le membra** del corpo Gliedmaßen	**i membri** della famiglia Mitglieder
il muro	**le mura** della città Stadtmauer	**i muri** della casa / della stanza Mauern
l'osso	**le ossa** Knochengerüst	**gli ossi** Knochen (einzeln)

Der Plural zusammengesetzter Substantive 59

la banconota	Banknote	le banconot**e**	Die meisten zusammengesetzten Substantive bilden den Plural wie einfache Substantive: Pluralzeichen am Ende des Wortes
il marciapiede	Gehsteig	i marciapied**i**	
l'arcobaleno	Regenbogen	gli arcobalen**i**	
il francobollo	Briefmarke	i francoboll**i**	
l'altoparlante	Lautsprecher	gli altoparlant**i**	
il sordomuto	Taubstummer	i sordomut**i**	
il passaporto	Paß	i passaport**i**	
il grattacielo	Wolkenkratzer	i grattaciel**i**	
l'asciugamano	Handtuch	gli asciugaman**i**	

Ausnahmen

1. **Nur der erste Teil ist veränderlich** bei Zusammensetzungen aus

il divano letto	Schlafcouch	i divan**i** letto	Substantiv + Substantiv, getrennt geschrieben
il deposito bagagli	Gepäckaufbewahrung	i deposit**i** bagagli	
il vagone ristorante	Speisewagen	i vagon**i** ristorante	

2. **Beide Teile sind veränderlich** bei Zusammensetzungen aus

la cassaforte	Tresor	le cass**e**fort**i**	Substantiv + nachgestelltes Adjektiv
la terracotta	Terrakotta	le terr**e**cott**e**	

3. **Unveränderlich sind** folgende Zusammensetzungen mit Verben:

il salvagente	Rettungsring	i salvagente	+ Substantiv, das nur im Singular vorkommt
il bucaneve	Schneeglöckchen	i bucaneve	
il portalettere	Briefträger	i portalettere	+ Substantiv, das bereits im Plural steht
lo stuzzicadenti	Zahnstocher	gli stuzzicadenti	
il paracadute	Fallschirm	i paracadute	
il saliscendi	Riegel	i saliscendi	+ Verbform

Zusammensetzungen mit capo- vgl. Wörterbuch.
il capolavoro Meisterwerk — i capolavor**i**, il capoufficio Bürovorsteher — i capiufficio,
il capostazione Bahnhofsvorsteher — i cap**i**stazione, il capocuoco Chefkoch — i cap**i**cuochi

Beachte

Viel seltener als im Deutschen stehen im Italienischen zwei Substantive ohne Verbindung nebeneinander. Meist werden die Substantive durch *di, a* oder *da* verbunden (§§ 123—125):

il mal di testa	Kopfweh	il freno a mano	Handbremse
la statua di marmo	Marmorstatue	la barca a vela	Segelboot
l'isola di Corsica	die Insel Korsika	la sala da pranzo	Eßzimmer

Der Artikel (L'articolo)

Formen des unbestimmten und des bestimmten Artikels 60

	Unbestimmter Artikel		Bestimmter Artikel			
	Maskulinum		Singular Maskulinum		Plural Maskulinum	
vor Konsonant	**un**	libro grande zaino	**il**	libro grande zaino	**i**	libri grandi zaini
vor *z* oder vor *s* + Konsonant	**uno**	zaino specchio	**lo**	zaino specchio	**gli**	zaini specchi
vor Vokal	**un**	orologio abito	**l'**	orologio abito	**gli**	orologi abiti
	Femininum		Singular Femininum		Plural Femininum	
vor Konsonant	**una**	donna stanza	**la**	donna stanza	**le**	donne stanze
vor Vokal	**un'**	ora arancia	**l'**	ora arancia	**le**	ore arance

Beachte die Form des männlichen Artikels

a) bei Substantiven, die mit *gn* beginnen: lo/uno gnomo — gli gnomi

b) bei Substantiven, die mit *pn, ps, x* beginnen:
lo/uno oder il/un pneumatico/psicologo/xilofono
gli oder i pneumatici/psicologi/xilofoni

c) in folgenden Wendungen: per lo più meistens, per lo meno wenigstens

Präpositionen + bestimmter Artikel 61

Die Präpositionen *di, a da, in, su* verschmelzen mit dem nachfolgenden bestimmten Artikel zu einem Wort *(preposizioni articolate)*.

	il	lo	l'	la	i	gli	le
di	del	dello	dell'	della	dei	degli	delle
a	al	allo	all'	alla	ai	agli	alle
da	dal	dallo	dall'	dalla	dai	dagli	dalle
in	nel	nello	nell'	nella	nei	negli	nelle
su	sul	sullo	sull'	sulla	sui	sugli	sulle

Beachte:
Gelegentlich wird *con* + *il* zu *col* verschmolzen: con il padre/col padre

Gebrauch des bestimmten Artikels

Zum bestimmten Artikel
- vor Possessivpronomen s. §§ 94–97
- nach *tutto* und *ambedue* s. § 115
- bei Zahlen s. §§ 78–83
- bei Zeitangaben s. §§ 83, 84

Personennamen 62

1. a) **Luigi** e **Anna** sono partiti. **Mario Vitale** vive a Perugia. b) **la** piccola Gina **il** celebre Arturo Toscanini	1. Vornamen (+ Nachname) stehen a) gewöhnlich ohne Artikel b) wenn sie näher bestimmt werden: mit bestimmtem Artikel
2. a) **Manzoni / Il Manzoni** visse a Milano. Ho parlato **a (l) Bianchi.** b) **La Simoni** ha due figli. **La Callas** è una cantante molto brava. c) **I Piccolo** abitano in campagna. **Le** (sorelle) **Neri** sono mie amiche.	2. Nachnamen stehen a) wenn von einem Mann die Rede ist: ohne oder mit bestimmtem Artikel b) wenn von einer Frau die Rede ist: mit bestimmtem Artikel c) wenn von einer Familie / Mitgliedern einer Familie die Rede ist: mit bestimmtem Artikel im Plural
3. a) Erano presenti **il signor** Moretti, **il dottor** Patti e **il conte** Rossi. Vorrei parlare **alla signora** Neri. b) Come sta, **signora** (Neri)? Buona sera, **dottore.**	3. Titel sowie Berufsbezeichnungen (+ Name) stehen a) gewöhnlich mit bestimmtem Artikel b) in der Anrede ohne Artikel

Beachte

zu 1 a) Vor weiblichen Vornamen kann in der Umgangssprache der bestimmte Artikel stehen: Hai visto (la) Lisa?

zu 3 a) Bei Titeln und Berufsbezeichnungen auf *-re* entfällt das *e*, wenn ein Name folgt: il signor Bruni, l'ingegner Ronca

Geographische Namen 63

1. a) Luigi è tornato da **Milano.** **Capri** è famosa per le sue bellezze naturali. b) **la** Milano degli Sforza, **la** bella Capri	1. Ortsnamen und Namen kleiner Inseln stehen a) gewöhnlich ohne Artikel b) wenn sie näher bestimmt werden: mit bestimmtem Artikel

Beachte zu 1 a) Bei einigen Städten gehört der bestimmte Artikel zum Namen: l'Aia Den Haag, l'Aquila, il Cairo, la Mecca, la Spezia

2. a) Siamo in viaggio per **l'Europa.** Conosce **l'Italia dall'Alto Adige alla Sicilia.** È tornato **dal Brasile / dagli USA.** **La Corsica** appartiene **alla Francia.** b) Enrico vive **in America.** *Aber:* negli USA, nell' America del sud Andremo prima **in Francia,** poi nel Belgio. Sei mai stato **in Toscana?** la regina **d'Inghilterra** l'ambasciata **di Spagna** la Banca **d'Italia** i vini **di Sicilia / della Sicilia**	2. a) Namen von Erdteilen, Ländern, Regionen und großen Inseln stehen mit bestimmtem Artikel. b) Der bestimmte Artikel entfällt bei weiblichen Ländernamen (im Singular, ohne nähere Bestimmung) — nach der Präposition *in* — nach der Präposition *di* gewöhnlich nur bei Titeln, Institutionen, typischen Erzeugnissen
3. **l'**Etna, **il** Tevere, **l'**Adriatico **il** sud / **il** meridione l'Africa **dell'est** / orientale	3. Namen von Bergen, Flüssen, Seen, Meeren sowie Himmelsrichtungen stehen mit dem bestimmten Artikel.

Beachte zu 3. Bei Himmelsrichtungen entfällt der bestimmte Artikel
a) häufig nach Präpositionen:
È situato **a nord / settentrione di Roma.** — Il vento soffia **da nord.**
b) in Bezeichnungen wie *la stazione (del) nord* Nordbahnhof, *Berlino Ovest* Westberlin

Stoffnamen, Gattungsnamen, Abstrakta 64

Stoffnamen (z. B. *acqua, ferro*), Gattungsnamen (z. B. *bambino*) und Abstrakta (z. B. *pietà*) stehen mit dem bestimmten Artikel. (Vgl. auch §§ 65, 66)

L'acqua è più pesante **dell'olio.**	Wasser ist schwerer als Öl.
Voglio bene **ai bambini.**	Ich habe Kinder gern.
A me piacciono **le rose** gialle.	Mir gefallen gelbe Rosen.
La pietà si trova raramente.	Mitgefühl findet man selten.
La chimica non mi interessa.	Chemie interessiert mich nicht.
Lei capisce / sa **l'inglese?**	Verstehen/Können Sie Englisch?

Beachte

Gina ha **gli occhi neri / il naso piccolo / i capelli lunghi / la voce bella.**	... hat schwarze Augen / eine kleine Nase / lange Haare / eine schöne Stimme.
Questa camicetta ha **le maniche corte.**	... hat kurze Ärmel.
Ha **la casa grande/modernissima.**	... hat ein großes / sehr modernes Haus.
Carlo si è fatta **la macchina.**	... hat sich ein Auto zugelegt.
La Simoni ha **il figlio pilota.**	... hat einen Sohn, der Pilot ist.

Wendungen mit und ohne bestimmten Artikel 65

Mit bestimmtem Artikel		Ohne bestimmten Artikel	
aver la febbre	Fieber haben	aver paura	Angst haben
aver la tosse	Husten haben	aver fame	Hunger haben
prendersi il raffreddore	sich erkälten	prendere gusto a	Geschmack finden an
prendere il caffè	Kaffee trinken	prendere fuoco	Feuer fangen
fare il medico	Arzt sein	farsi medico	Arzt werden
fare l'università	studieren	fare legge	Jura studieren
fare la fila	Schlange stehen	far attenzione	achtgeben
fare lo sport	Sport treiben	fare soldi	Geld verdienen
fare il pieno	volltanken	fare benzina	tanken
fare il biglietto	eine Fahrkarte lösen	Fa bel tempo.	Es ist schönes Wetter.
sapere l'italiano	Italienisch können	parlare italiano	Italienisch sprechen
giocare agli scacchi	Schach spielen	giocare a soldi	um Geld spielen
giocare al tennis	Tennis spielen	giocare a palla	Ball spielen
suonare il piano	Klavier spielen		

Beachte. Nach Präpositionen entfällt häufig der bestimmte Artikel, z. B.

andare in macchina	(mit dem) Auto fahren
andare in treno	(mit dem) Zug fahren
andare a piedi	zu Fuß gehen

andare / essere { in città / in Via Carducci; in campagna / in montagna; a casa / a scuola / a letto }

Der Teilungsartikel 66

Zum Ausdruck einer unbestimmten Menge oder Anzahl steht vor Stoffnamen, Gattungsnamen und gelegentlich auch vor Abstrakta *di* + bestimmter Artikel (Teilungsartikel).

Dammi **dell'acqua.**	Gib mir (etwas) Wasser.
Hai preso **dello zucchero?**	Hast du Zucker genommen/gekauft?
C'erano **dei bambini** che giocavano.	Da waren (einige/mehrere) Kinder, die ...
Ho **degli amici** in Svizzera.	Ich habe Freunde in der Schweiz.
Ci vuol **del tempo.**	Dazu braucht man Zeit.

Der Teilungsartikel entfällt, wenn nicht ausdrücklich eine unbestimmte Menge bezeichnet werden soll: Vuoi caffè o tè?

- in negativen Sätzen: Non abbiamo amici. Non c'è più pane.
- nach Mengenangaben: molti libri, poco tempo, un litro di vino
- meist bei Aufzählungen: Ci sono mele, pere e fichi.
- meist nach Präpositionen: con acqua e sapone, senza denaro, presso conoscenti

Beachte. In der Umgangssprache wird auch in positiven Sätzen häufig auf den Teilungsartikel verzichtet: Ho comprato dei fiori. / Ho comprato (i) fiori.

Das Adjektiv (L'aggettivo qualificativo)

Die Übereinstimmung des Adjektivs mit dem Substantiv 67

Im Italienischen gibt es
1. Adjektive auf *-o*; sie unterscheiden Maskulinum und Femininum in Singular und Plural.
2. Adjektive auf *-e*; sie unterscheiden nur Singular und Plural.

Singular Maskulinum	Singular Femininum	Plural Maskulinum	Plural Femininum
1. ross**o**	ross**a**	ross**i**	ross**e**
2. divertent**e**		divertent**i**	

Das Adjektiv richtet sich in Geschlecht und Zahl nach dem Substantiv, auf das es sich bezieht; es wird attributiv und prädikativ verändert:

attributiv (beim Substantiv)	prädikativ (in Verbindung mit dem Verb)
Enrico ha una *macchina* **rossa.** Enrico hat ein rotes Auto. Ho letto due *articoli* **interessanti.** È un *libro* **divertente** e **istruttivo.**	La sua *macchina è* **rossa.** Sein Auto ist rot. I due *articoli* sono **interessanti.** È **contenta,** *signora?*

a) Bezieht sich das Adjektiv auf mehrere Substantive gleichen Geschlechts, so steht es im Plural und richtet sich nach dem gemeinsamen Geschlecht der Substantive:

Al concerto partecipano *un pianista* e *un violinista* **celebri.**	*Le strade* e *la piazza* erano **piene** di gente.

b) Bezieht sich das Adjektiv auf mehrere Substantive verschiedenen Geschlechts, so steht es im Plural Maskulinum:

Ho avuto *una collana* e *un anello* molto **belli.**	*Il signor Bianchi* e *sua moglie* mi sono ugualmente **simpatici.**

Beachte zu b)
1. Als Attribut kann sich das Adjektiv auch nach dem am nächsten stehenden Substantiv richten:
   Mi piacciono il paesaggio e *la campagna* **italiana.**
   Tonino è tornato a casa con il viso e *le mani* **nere.**
2. Bezieht sich das Adjektiv auf ein unbestimmtes Subjekt (dt. »man«, vgl. § 19), so steht es im Plural Maskulinum:
   Quando si è **giovani,** non si è sempre **felici.** — Wenn man jung ist, ...
   Bisogna essere **prudenti.** — Man muß vorsichtig sein.

Besonderheiten bei Adjektiven 68

1. **Adjektive auf -ista** unterscheiden Maskulinum und Femininum nur im Plural:
   un uomo egoista, una persona egoista, uomini egoisti, persone egoiste
2. **Unveränderlich** sind
   a) die Adjektive *pari* gleich, gerade, *impari* ungleich, ungerade:
   un numero pari, la somma pari, una lotta impari, i numeri dispari
   b) die Farbadjektive *blu* dunkelblau, *arancione* orange, *viola, rosa:*
   la seta blu, dei fazzoletti arancione, un francobollo viola, dei tulipani rosa
   c) Farbadjektive, die durch ein Adjektiv oder Substantiv ergänzt werden:
   dei bicchieri verde chiaro hellgrün, una palla rosso fuoco feuerrot
3. **Zusammengesetzte Adjektive** verändern nur den zweiten Bestandteil:
   un mazzo variopinto bunt, una stoffa variopinta, i rapporti russo-americani

Besonderheiten bei der Pluralbildung (vgl. Substantive, § 56)

	Sing.	Plur. Mask.	Sing.	Plur. Fem.
Adjektiv auf *-co* — mit Ton auf vorletzter Silbe — mit Ton auf drittletzter Silbe	bianco fresco antico pratico simpatico	bian**chi** fres**chi** anti**chi** pratici simpatici	bianca fresca antica pratica simpatica	bian**che** fres**che** anti**che** prati**che** simpati**che**
Adjektiv auf *-go*	lungo analogo	lun**ghi** analo**ghi**	lunga analoga	lun**ghe** analo**ghe**
Adjektiv auf *-io* Adjektiv auf *-cio* Adjektiv auf *-gio*	proprio fradicio grigio	propri fradici grigi	propria fradicia grigia	proprie fradicie grigie

Betontes *i* bleibt erhalten: pio — **pii** — pia — pie

»buono« und »bello« vor dem Substantiv

Die Adjektive *buono* und *bello* haben vor männlichen Substantiven besondere Formen (vgl. Formen des unbestimmten und des bestimmten Artikels, § 60)

	buono im Sing. Mask.	*bello* im Sing. Mask.	*bello* im Plur. Mask.
vor Konsonant	un **buon** caffè	un **bel** regalo	dei **bei** regali
vor *s*+ Konsonant/*z*	un buono zio	un bello specchio	dei **begli** specchi
vor Vokal	un **buon** amico	un **bell'** albero	dei **begli** alberi

Vor Vokal können die Formen *buona* und *bella* apostrophiert werden: una bell'arancia

»grande« vor dem Substantiv

Das Adjektiv *grande, -i* kann vor Substantiven, die mit Konsonant (außer *s*+ Konsonant oder *z*) beginnen, zu *gran* verkürzt werden: due gran(di) case

Vor Vokal wird *grande* gelegentlich apostrophiert: un grand'uomo

Die Stellung des Adjektivs

1. Adjektive, die nachgestellt werden

Das Adjektiv steht im allgemeinen nach dem Substantiv. Dies gilt insbesondere für Adjektive, die Unterscheidungsmerkmale bezeichnen, z. B. Farbe, Form, Nationalität, geographische Zugehörigkeit, Konfession, politische Zugehörigkeit, etc.

un fiore **rosso,** la camicia **bianca**	la lingua **italiana,** dei giornali **inglesi**
una tavola **rotonda/ovale**	l'Europa **orientale,** una pianta **alpina**
un caffè **amaro,** l'acqua **limpida**	un artista **fiorentino/bolognese**
del latte **caldo,** l'aria **fredda**	la chiesa **cattolica/protestante**
un clima **sano,** l'acqua **minerale**	un funzionario **comunista**
un bicchiere **rotto**	la politica **interna,** il traffico **urbano**

Beachte
Adjektivisch gebrauchte Partizipien werden in der Regel nachgestellt:
l'anno **passato,** la lettera **raccomandata,** un telegramma **urgente**

2. Adjektive, die vorangestellt werden

Pronominaladjektive wie *molto, poco, tutto,* adjektivisch gebrauchte Ordnungszahlen sowie *mezzo* halb stehen vor dem Substantiv.

molti amici, **poca** pazienza	la **prima** volta, di **seconda** qualità
un'**altra** cosa, **tutto** il mondo	negli **ultimi** anni, **mezzo** litro

3. Adjektive, die voran- oder auch nachgestellt werden

Viele Adjektive können entweder ohne starke Eigenbedeutung vor dem Substantiv stehen oder als betontes Unterscheidungsmerkmal nach dem Substantiv. Solche Adjektive sind z. B.

bello	brutto	abile	enorme
buono	cattivo	bravo	famoso
grande	piccolo	celebre	interessante
breve	lungo	diverso	nuovo
giovane	vecchio	elegante	vario

vorangestellt	nachgestellt
Mario è un **buono** scolaro. ... ein guter Schüler.	Non ho che allievi **buoni.** ... nur gute Schüler (keine schlechten).
Abbiamo fatto un **lungo** viaggio.	I capelli **lunghi** sono di moda.
Non vuoi comprarti una **piccola** casa in campagna?	Mi compro una casa **piccola** perchè non posso spendere tanto.
Questo scienziato ha fatto delle **interessanti** scoperte archeologiche.	Questo scienziato ha fatto delle scoperte archeologiche **interessanti.**

Beachte

1. Nachgestellt werden in der Regel
a) Adjektive mit einer Beifügung: una casa **troppo piccola**
b) besonders lange Adjektive: un clima **meraviglioso**
c) zwei und mehr Adjektive, die sich auf dasselbe Substantiv beziehen:
un viaggio **lungo e faticoso**
2. Bei einigen Adjektiven ändert sich mit der Stellung die Bedeutung, z. B.
un **caro** bambino ein liebes Kind — un negozio **caro** ein teures Geschäft
un **certo** Rossi ein gewisser Rossi — una prova **certa** ein sicherer Beweis
un **nuovo** sistema ein neues/anderes System — un sistema **nuovo** ein neu(artig)es System
un **povero** ragazzo ein bedauernswerter Junge — un ragazzo **povero** ein mittelloser Junge
una **semplice** domanda nur eine Frage — una domanda **semplice** eine einfache Frage
una **sola** donna eine einzige Frau — una donna **sola** eine alleinstehende Frau
un **vero** disastro wirklich ein Unglück — una perla **vera** eine echte Perle

Die Steigerung des Adjektivs mit »più« und »meno« 70

Im Italienischen gibt es eine Aufwärtssteigerung mit *più* mehr
und eine Abwärtssteigerung mit *meno* weniger:

Superlativ (vgl. auch § 72): il più abile am fähigsten

Komparativ: più abile fähiger

Positiv: abile fähig

Komparativ: meno abile weniger fähig

Superlativ: il meno abile am wenigsten fähig

Der Komparativ wird gebildet, indem man dem Adjektiv *più* bzw. *meno* voranstellt.
Der Superlativ wird ausgedrückt durch den Komparativ mit bestimmtem Artikel.

Komparativ *(Comparativo)*	Superlativ *(Superlativo relativo)*
Chi è **più abile,** Mario o Paolo?	Chi è **il più abile** di tutti?
Hai mai visto monti **più alti?**	Ho visto **i** monti **più alti** della Svizzera.
Non c'è una piazza **più bella** nella	Questa piazza è **la più bella** della città.
città; tutte le altre sono **meno belle.**	Ecco **la** piazza **più bella** della città.

Beachte

Auch der Komparativ kann den bestimmten Artikel bei sich haben. In diesem Fall gibt es zwischen Komparativ und Superlativ keinen formalen Unterschied:
la torre **più alta** der höhere Turm / der höchste Turm
Zur Verdeutlichung sind Zusätze erforderlich, z. B. la torre **più alta della città**

Wiedergabe von »wie« und »als« beim Vergleich 71

1. Dem deutschen »(eben) so ... wie« entspricht im Italienischen

Mario è **tanto** gentile **quanto** Carlo. Mario è gentile **quanto** Carlo. Mario è **così** gentile **come** Carlo. Mario è gentile **come** Carlo.	*tanto ... quanto* oder nur *quanto* *così ... come* oder nur *come*

2. Dem deutschen »als« beim Vergleich entspricht im Italienischen

a) Mio fratello è più alto **di me.** Roma è molto più grande **di Napoli.** È meno abile **della sua piccola sorella.**	a) gewöhnlich *di*, wenn ein Name, Substantiv oder Pronomen unmittelbar folgt
b) Essi sono meno gentili con me **che con te.** Siamo più felici a Roma **che a Milano.** Sono più contento del tuo lavoro **che del suo.** Luigi è più furbo **che intelligente.** Meglio tardi **che mai.** Non c'è una cosa più bella **che viaggiare.**	b) *che*, wenn eine andere Wortart folgt: — Präposition — Adjektiv — Adverb — Verb
c) È più furbo **che non si creda.** (Konjunktiv) È più furbo **di quel che si crede.** (Indikativ) È più furbo **di quanto si creda.** (Konjunktiv)	c) *che non* / *di quel che* / *di quanto* } wenn ein Nebensatz folgt

Ausnahmen
Werden *più* und *meno* in der Bedeutung »mengenmäßig/zahlenmäßig mehr bzw. weniger« gebraucht, so wird
a) das zweite Vergleichsglied mit *che* angeschlossen:
Mangiamo più carne **che pesce.** C'erano più signore **che signori.**
b) eine Zahl mit *di* angeschlossen: Ho pagato più **di mille lire.**

Der absolute Superlativ 72

Der absolute Superlativ bezeichnet den sehr hohen Grad einer Eigenschaft:
Questa torre è **altissima.** Dieser Turm ist sehr hoch.
Ma non è la più alta della città. Er ist aber nicht der höchste der Stadt.

Oggi l'aria è **freddissima.** È una città **bellissima.** Le sue idee sono **stranissime.** Ho avuto **moltissimi** regali.	sehr kalt wunderschön äußerst seltsam sehr viele	Der absolute Superlativ wird gebildet, indem man an das um den Endvokal gekürzte Adjektiv die Endung *-issimo* anhängt.

Beachte

1. Adjektive auf *-co* und *-go* schieben vor der Endung *-issimo* ein *h* ein (vgl. § 68): ricco — ric**ch**issimo, lungo — lun**gh**issimo. Aber: pratico — praticissimo
2. In der Umgangssprache wird die Endung *-issimo* gelegentlich an Wörter angehängt, die an und für sich nicht gesteigert werden können:
   È un piatto **italianissimo.** ... ein typisch italienisches Gericht.
   Non ne ho **nessunissima** idea. ... nicht die geringste Ahnung.

Der sehr hohe Grad einer Eigenschaft kann auch ausgedrückt werden

a) Il Garda è un lago **molto bello.** Oggi l'aria è **assai fredda.** È **oltremodo arrogante.** Me ne sto **tutta sola,** cara.	sehr schön sehr/ziemlich kalt äußerst arrogant ganz allein	a) durch Gradadverbien wie *molto, assai, oltremodo* sowie *tutto* (vgl. § 115)
b) Che fai **solo solo?** Anna ha gli occhi **neri neri.** È un uomo **abile, abilissimo.**	ganz allein kohlschwarz äußerst fähig	b) durch Wiederholen des Adjektivs
c) Mia sorella è **stanca morta.** I ragazzi sono **bagnati fradici.** Il negozio era **pieno zeppo.**	todmüde klatschnaß gesteckt voll	c) durch ein zweites Adjektiv
d) Quello scolaro è **arcistupido.** È diventato **straricco** in America. Si è comprato una moto **superveloce.**	erzdumm steinreich	d) durch Vorsilben (vgl. § 134)

Beachte. Beim adjektivischen Partizip Perfekt kann der sehr hohe Grad gewöhnlich nur durch Gradadverbien oder durch *tutto* ausgedrückt werden:
Maria è stata **molto ammirata.** Siamo **tutti sorpresi.**

Adjektive mit unregelmäßigen Komparativen und Superlativen 73

1. buono, cattivo (vgl. auch § 75)

Positiv	Komparativ		Absoluter Superlativ
buono	**migliore** / (più buono)	besser	**ottimo** / buonissimo
cattivo	**peggiore** / (più cattivo)	schlechter, schlimmer	**pessimo** / (cattivissimo)

a) Questa stoffa è **migliore** di quella. Ha una **pessima** reputazione. In Italia ci sono strade **ottime.** L'antipasto è **ottimo/buonissimo.** b) Mio zio è **buonissimo.** herzensgut	Die Adjektive *buono* und *cattivo* werden gesteigert: a) gewöhnlich unregelmäßig b) in der Bedeutung »gutherzig« bzw. »bösartig« meist regelmäßig

2. grande, piccolo, alto, basso

Positiv	Komparativ		Absoluter Superlativ
grande	più grande	größer	grandissimo
	maggiore	größer, älter, bedeutender	massimo
piccolo	più piccolo	kleiner	piccolissimo
	minore	kleiner, jünger, geringer	minimo
alto	più alto	höher	altissimo
	superiore	höher, oberer, besser	supremo, sommo
basso	più basso	niedriger	bassissimo
	inferiore	niedriger, unterer, schlechter	infimo

a) Milano è **più grande** di Torino. Vorrei una porzione **più piccola.** Questa torre è **altissima,** ma non è **la più alta** della città. Ho bisogno di una tavola **più bassa.**	a) In der Grundbedeutung werden die regelmäßigen Steigerungsformen verwendet.
b) È il figlio **maggiore** / più grande. ... der ältere/älteste Sohn. Ecco mia sorella **minore** / più piccola. ... meine jüngere/jüngste Schwester. La sua fiducia in lui è **massima.** Il rischio è **minimo**/piccolissimo. È una stoffa di **suprema** qualità.	b) In allen anderen Fällen werden meist die unregelmäßigen Steigerungsformen verwendet.

la maggior parte	der größte Teil	il male minore	das kleinere Übel
il massimo effetto	die größte Wirkung	la temperatura minima	die niedrigste Temperatur
i maggiori scrittori }	die bedeutendsten	la temperatura massima	die Höchsttemperatur
i massimi scrittori }	Schriftsteller	il minimo sforzo	die geringste Anstrengung
il superiore	der Vorgesetzte	l'inferiore	der Untergebene
il piano superiore	das ober(st)e Stockwerk	il piano inferiore	das unter(st)e Stockwerk
la scuola superiore	die Oberschule	le classi inferiori	die unteren Klassen
l'autorità suprema	die höchste Autorität	di infima qualità }	von sehr schlechter
in sommo grado	im höchsten Grade	di pessima qualità }	Qualität

3. molto, poco — Steigerungsformen s. § 75

Das Adverb (L'avverbio)

Durch ein Adverb werden näher bestimmt

1. ein Verb:	Dobbiamo **partire subito.**
2. ein Adjektiv:	La frutta è **abbastanza cara.**
3. ein anderes Adverb:	Luigi ha lavorato **molto bene.**
4. ein ganzer Satz:	**Sfortunatamente** ho perso il treno.

Bildung der Adverbien **74**

Es gibt ursprüngliche Adverbien, die keine besondere Endung haben, z. B. *subito, oggi, già, tardi, forse, qui, ecco* und von Adjektiven abgeleitete Adverbien.

Abgeleitete Adverbien werden gebildet, indem man an das Adjektiv die Endung *-mente* anhängt; bei Adjektiven auf *-o* wird *-mente* an die weibliche Form angehängt.

Adjektiv auf *-e*	Adverb	Adjektiv auf *-o*	Adverb
veloce	velocemente	certo, -a	certamente
triste	tristemente	raro, -a	raramente
semplice	semplicemente	perfetto, -a	perfettamente
paziente	pazientemente	separato, -a	separatamente
Bei Adjektiven auf *-le* oder *-re* (nach Vokal) entfällt das *e* vor *-mente:*		Folgende Adjektive auf *-o* haben besondere Adverbformen:	
facile	facilmente	buono, -a	bene
speciale	specialmente	cattivo, -a	male
regolare	regolarmente	violento, -a	violentemente
particolare	particolarmente	leggero, -a	leggermente

Beachte

1. Adverbien auf *-mente* werden häufig durch einen präpositionalen Ausdruck ersetzt, z. B.

sicuramente:	di sicuro	generalmente:	in generale/genere
certamente:	di certo	pubblicamente:	in pubblico
nuovamente:	di nuovo	fortunatamente:	per fortuna
continuamente:	di continuo	improvvisamente:	d'/all'improvviso
recentemente:	di recente	indubbiamente:	senza dubbio
seriamente:	sul serio	rispettosamente:	con rispetto

2. Vielfach steht nur ein präpositionaler Ausdruck zur Verfügung, z. B.

a buon prezzo	billig	a voce	mündlich
ad alta voce	laut	per iscritto	schriftlich
a bassa voce	leise	in tempo	rechtzeitig
a memoria	auswendig	di buon'ora	früh (zeitig)
a/per caso	zufällig		

Steigerung der Adverbien 75

Regelmäßige Steigerung (vgl. Adjektive, §§ 70–72)

facilmente	leicht	più facilmente	leichter	facilissimamente	sehr leicht
tardi	spät	più tardi	später	tardissimo	sehr spät

Der absolute Superlativ der abgeleiteten Adverbien auf *-issimamente* wird meist umschrieben: Carlo impara assai facilmente.

Unregelmäßige Steigerung

bene	gut	meglio	besser	benissimo	sehr gut
male	schlecht	peggio	schlechter, schlimmer	malissimo	sehr schlecht
molto	viel	più	mehr	moltissimo	sehr viel
poco	wenig	meno	weniger	pochissimo	sehr wenig

Beachte. *Bene, male, molto, poco* werden auch adjektivisch und substantivisch verwendet: è bene/meglio es ist gut/besser, il bene das Gute, il male das Übel, il peggio das Schlimmste
Sei peggio di un bambino. ... schlimmer als ein Kind. Il più è fatto. Das meiste ...

Besonderheiten bei Adverbien 76

1. Einige Adjektive werden in Verbindung mit bestimmten Verben als Adverb gebraucht:

parlare forte	laut sprechen	parlare piano	leise sprechen
andare forte	schnell gehen/fahren	andare piano	langsam gehen
tenere fermo	festhalten	dire chiaro e tondo	klipp und klar sagen
andare diritto	geradeaus gehen	costare caro	teuer sein

2. Wenn nicht die Art der Tätigkeit, sondern das Subjekt näher bestimmt werden soll, steht anstelle eines Adverbs ein Adjektiv, das sich nach dem Subjekt richtet:

Anna mi ha risposto molto **calma.**	... war sehr ruhig, als sie mir antwortete.
Le due amiche erano vestite **uguali.**	... waren gleich gekleidet.
I signori Neri sono arrivati **primi.**	... sind zuerst / als erste angekommen.

3. Einige indefinite Zahlwörter werden sowohl adjektivisch als auch adverbial gebraucht:

Adjektiv		Adverb	
molti amici	viele Freunde	**molto** stanco	sehr müde
poca pazienza	wenig Geduld	**poco** simpatico	wenig sympathisch
tanti sbagli	so viele Fehler	**tanto** noioso	so langweilig
troppa gente	zu viele Leute	**troppo** caro	zu teuer
parecchi bimbi	mehrere Kinder	**parecchio** curioso	ziemlich neugierig

tutto s. § 115

Stellung der Adverbien 77

Zu Adverbien der Verneinung vgl. § 132.

1. Adverbien der Art und Weise

a) einfache Zeiten		b) zusammengesetzte Zeiten		
Verb	Adverb	Hilfsverb	Partizip	Adverb
Sto	**meglio.**	Hai	lavorato	**bene.**
Pioveva	**forte.**	Sono	venuti	**d'improvviso.**
Verrò	**difficilmente.**	Mi ha	risposto	**personalmente.**

Adverbien der Art und Weise stehen

a) in einfachen Zeiten im allgemeinen nach dem Verb;
zur Hervorhebung werden sie gelegentlich auch vorangestellt: Difficilmente verrò.

b) in zusammengesetzten Zeiten im allgemeinen nach dem Partizip.

2. Mengenadverbien /Adverbien der unbestimmten Zeit

a) einfache Zeiten		b) zusammengesetzte Zeiten			
Verb	Adverb	Hilfsverb	Adverb	Partizip	Adverb
Lavora	**tanto.**	Ha		lavorato	**tanto.**
		Ha	**tanto**	lavorato che ...	
Parla	**sempre** di te.	Ha	**sempre**	parlato di te.	
		Ha		parlato	**sempre** di te.

Mengenadverbien, z. B. *molto, troppo, poco, tanto,* und Adverbien, die keinen bestimmten Zeitpunkt bezeichnen, z. B. *sempre, spesso, ancora, subito,* stehen

a) in einfachen Zeiten im allgemeinen nach dem Verb;

b) in zusammengesetzten Zeiten nach dem Partizip, zur Hervorhebung gelegentlich auch zwischen Hilfsverb und Partizip. *Già* steht immer zwischen Hilfsverb und Partizip.

3. Adverbiale Bestimmungen des Ortes und der Zeit

Zeit / Ort		Ort / Zeit
Stasera, verso le otto,	l'ho incontrato	**per strada.**
	Non posso farlo	**oggi / domani / quest'anno.**
Quest'anno	non sono andato	**al mare / in montagna.**
Qui, alla spiaggia,	si sta bene.	
	Giovanni, vieni	**qui** un momento!
	Arriveremo	**a Bergamo alle due e mezza.**

Orts- und Zeitangaben stehen im allgemeinen am Satzende oder am Satzanfang. Treffen Orts- und Zeitangaben am Satzende zusammen, so steht Ort vor Zeit.

Zahlen und Zeitangaben (Numerali e nozioni di tempo)

Grundzahlen 78

0	zero	20	venti	50	cinquanta
1	uno	21	**vent**uno	60	sessanta
	un minuto		vent**un** minuti	70	settanta
	uno zero		ventun ore	80	ottanta
	una volta	22	ventidue	90	novanta
	un'ora	23	ventitr**è**	100	cento
2	due	24	ventiquattro	101	centouno
3	tre	25	venticinque	103	centotrè
4	quattro	26	ventisei	108	centootto
5	cinque	27	ventisette	199	centonovantanove
6	sei	28	**vent**otto	200	duecento
7	sette	29	ventinove	300	trecento
8	otto	30	trenta	1.000	mille
9	nove	31	trentuno	1.001	milleuno/mille e uno
10	dieci		trentun giorni	1.008	milleotto
11	undici		trentun pagine	2.000	due**mila**
12	dodici	33	trentatrè	10.000	diecimila
13	tredici	38	trentotto	21.465	ventunmila quattro-centosessantacinque
14	quattordici	40	quaranta		
15	quindici	41	quarantuno	100.000	centomila
16	sedici		quarantun libri	1.000.000	un milione
17	diciassette		quarantun gradi	3.500.000	tre milion**i** cinque-centomila
18	diciotto	43	quarantatrè		
19	diciannove	48	quarantotto	1.000.000.000	un miliardo

Beachte

1. Grundzahlen sind männlich: il due die Zwei, il cinque die Fünf
2. *Zero, milione, miliardo* sind Substantive; sie bilden den Plural auf *-i:* due zeri
3. Auf *milione* oder *miliardo* folgende Substantive werden mit *di* angeschlossen: un milione **di** abitanti, due miliardi **di** lire; aber: un milione tremila lire
4.

Addizione:	20 + 6 = 26	Venti più sei fa(nno) ventisei.
Sottrazione:	16 − 4 = 12	Sedici meno quattro fa(nno) dodici.
Moltiplicazione:	15 × 2 = 30	Quindici per 2 fa(nno) trenta.
Divisione:	18 : 6 = 3	Diciotto diviso (per) sei fa(nno) tre.

Wendungen

entrare **a uno a uno**	einzeln	uno su dieci	einer von zehn
entrare **cinque per volta**	jeweils zu fünft	una volta, due volte	einmal, zweimal
venire **in due / in tre**	zu zweit/zu dritt		

Ordnungszahlen 79

Ordnungszahlen sind nach Geschlecht und Zahl veränderlich:
il **primo** giorno, i **primi** fiori, la **prima** rappresentazione, le **prime** lezioni

1°	il primo	21°	il ventunesimo
2°	il secondo	22°	il ventiduesimo
3°	il terzo	23°	il ventitreesimo
4°	il quarto	26°	il ventiseiesimo
5°	il quinto	28°	il ventottesimo
6°	il sesto	30°	il trentesimo
7°	il settimo	40°	il quarantesimo
8°	l'ottavo	50°	il cinquantesimo
9°	il nono	60°	il sessantesimo
10°	il decimo	70°	il settantesimo
11°	l'undicesimo	80°	l'ottantesimo
12°	il dodicesimo	90°	il novantesimo
13°	il tredicesimo	100°	il centesimo
14°	il quattordicesimo	200°	il duecentesimo
15°	il quindicesimo	1.000°	il millesimo
16°	il sedicesimo	1.001°	il millesimo primo
17°	il diciassettesimo	2.000°	il duemillesimo
18°	il diciottesimo	10.000°	il diecimillesimo
19°	il diciannovesimo	100.000°	il centomillesimo
20°	il ventesimo	1.000.000°	il milionesimo

primo / in primo luogo erstens secondo / in secondo luogo zweitens

Schreibung

a) Nach einer Ordnungszahl in Ziffern steht nicht wie im Deutschen ein Punkt, sondern der letzte Buchstabe des Wortes: la prim**a** lezione — la 1**ª** lezione
b) Auch römische Ziffern bei Herrschernamen, Jahrhunderten, etc. stehen ohne Punkt: Federico II (Federico Secondo, ohne Artikel), il secolo XX, III lezione

Stellung

a) Ordnungszahlen stehen im allgemeinen vor dem Substantiv: al quinto piano
b) Ordnungszahlen werden nachgestellt bei Herrschernamen, häufig auch bei Jahrhunderten und Angaben wie: scena prima, capitolo secondo, paragrafo quinto

Nebenformen

Die aus Zehner und Einer zusammengesetzten Ordnungszahlen können auch folgendermaßen gebildet werden:

11° decimo primo   13° decimo terzo etc.   22° ventesimo secondo
12° decimo secondo   21° ventesimo primo   23° ventesimo terzo etc.

Diese Formen werden im allgemeinen nur bei Herrschernamen und Jahrhunderten verwendet: Luigi Decimo Sesto, Giovanni Ventesimo Terzo, il secolo decimo settimo

Weitere Zahlwörter 80

Non ha una camera **singola?** Einzelzimmer Questa è **l'unica** copia.	singolo unico/solo	einzeln einzig
Devo comprarmi **un paio** di scarpe. Quanti ne vuoi? – Dammene **un paio.** Gib mir zwei (oder drei). Ho perso **due paia** di guanti.	un paio due paia (Pl. fem.)	ein Paar zwei Paar
una dozzina di matite	una dozzina	ein Dutzend
L'ho visto **una decina** di volte. Tornerà fra **una quindicina** di giorni. Stasera viene **una ventina** di persone. Il libro ha **un centinaio** di pagine. Accorsero **a centinaia.** Le vittime sono **migliaia.** Die Zahl der Opfer geht in die Tausende.	una decina una quindicina una ventina, etc. un centinaio centinaia (Pl. fem.) un migliaio migliaia (Pl. fem.)	etwa zehn etwa fünfzehn etwa zwanzig etwa hundert Hunderte etwa tausend Tausende
il peso **doppio/triplo** guadagnare **il doppio/il triplo**	doppio triplo (quadruplo), etc.	doppelt dreifach vierfach
un **duplice** aspetto (in **triplice** copia) / in tre copie in dreifacher Ausfertigung	duplice triplice (quadruplice), etc.	zweifach dreifach vierfach
Gli **ultimi** saranno i primi. È arrivato **penultimo.**	l'ultimo il penultimo	der Letzte der Vorletzte

Vgl. auch Indefinitpronomen §§ 112–120.

Unterscheide

un paio di scarpe ein Paar Schuhe (zwei Dinge, die zusammengehören)
una coppia felice ein glückliches Paar (zwei Personen, die zusammengehören)

Bruchzahlen 81

1. **Gemeine Brüche** werden mit Ordnungszahlen gebildet (Ausnahme: ½).

½	mezzo halb, la metà die Hälfte	2⅗	due e tre quinti
⅓	un terzo	1/20	un ventesimo
¼	un quarto	8/100	otto centesimi

2. **Dezimalbrüche**

10,8	dieci virgola otto	5,2 %	il cinque virgola due per cento
98,2	novantotto virgola due	3,9 %	il tre virgola nove per cento

Beachte

1. Vor *mezzo* entfällt der unbestimmte Artikel: mezzo chilo ein halbes Kilo
2. Vor Prozentzahlen steht der bestimmte Artikel: **il 75 %** degli elettori 75 % der Wähler

Maße, Gewichte, Mengenangaben 82

1 m	un metro	1 g	un grammo
1 cm	un centimetro	100 g	un etto(grammo)
1 mm	un millimetro	200 g	due etti
1 km	un chilometro	1 kg	un chilo(grammo)
1 m²	un metro quadrato	100 kg	un quintale
1 m³	un metro cubo	1 t	una tonnellata
1 l	un litro	1°	un grado (sopra zero)

Auf Maße, Gewichte, Mengenangaben folgende Substantive werden mit *di* angeschlossen:

un litro **di** vino	ein Liter Wein	un etto **di** formaggio	hundert Gramm Käse
tre quarti **d'**ora	eine Dreiviertelstunde	tre chili **di** banane	drei Kilo Bananen
un metro **di** stoffa	ein Meter Stoff	un metro cubo **d'**acqua	ein Kubikmeter Wasser
una tazza **di** tè	eine Tasse Tee	un po' **di** pane	etwas Brot

Vgl. Teilungsartikel (§ 66) Vgl. aber § 120

Beachte

»Je, pro« wird durch die Präposition *a* ausgedrückt (vgl. § 123):
Questa stoffa costa 1000 lire **al** metro. ... 1000 Lire der Meter.
L'auto filava a 60 km **all'**ora. ... mit 60 Stundenkilometern.

Die Uhrzeit 83

un quarto d'ora	eine Viertelstunde	tre quarti d'ora	eine Dreiviertelstunde
mezz'ora	eine halbe Stunde	un'ora e mezzo/mezza	anderthalb Stunden

10.00	le dieci	10.35	le dieci e trentacinque
10.08	le dieci e otto	10.45	le undici meno un quarto le dieci (e) quarantacinque le undici meno quindici
10.15	le dieci e un quarto le dieci e quindici		
10.30	le dieci e mezzo/mezza le dieci e trenta	10.55	le undici meno cinque le dieci (e) cinquantacinque

Zeitangaben in Stunden stehen mit dem bestimmten Artikel; *ora, -e* wird meist weggelassen, ebenso *minuto, -i:* **alle** (ore) **nove** di sera, **all'una** e cinque

Beachte

Bei offiziellen Zeitangaben werden 24 Stunden gezählt:
L'aereo parte **alle 23.04** (alle ore ventitrè zero quattro).

Wendungen zu § 83

Che ora è? / Che ore sono?	Wieviel Uhr ist es?
È quasi l'una.	Es ist fast ein Uhr.
Sono le due precise/suonate/in punto.	Es ist genau zwei Uhr.
Che ora fa, per favore?	Wie spät haben Sie es?
Ha l'ora precisa/esatta?	Haben Sie genaue Zeit?
Il mio orologio fa le sei meno venti. Faccio le sei meno venti.	Nach meiner Uhr ist es zwanzig bis sechs.
Quanto tempo ci vuole?	Wie lange braucht man?
Ci vuole mezz'ora.	Man braucht eine halbe Stunde.
Ci vogliono due ore almeno.	Man braucht mindestens zwei Stunden.

Weitere Zeitangaben 84

1. Tageszeiten

la mattina di mattina	morgens, am Vormittag	nel pomeriggio	am Nachmittag
		sabato pomeriggio	Samstag nachmittag
stamattina	heute morgen	la sera / di sera	abends, am Abend
in mattinata	im Laufe des Vormittags	stasera	heute abend
a mezzogiorno	um 12 Uhr mittags	alle otto di sera	um 8 Uhr abends
di giorno	bei Tag	la notte / di notte	nachts
in giornata	im Laufe des Tages	a mezzanotte	um Mitternacht

2. Wochentage stehen

a) in der Bedeutung »letzten/nächsten Montag/Dienstag/etc.« ohne Artikel:

L'ho visto lunedì.	am Montag	L'aspetto mercoledì.	am Mittwoch
Lo vedrò martedì.	am Dienstag	Puoi venire giovedì?	am Donnerstag

b) in der Bedeutung »montags/dienstags/etc.« mit bestimmtem Artikel:

Il museo è chiuso il venerdì.	freitags
Lavoro dal lunedì al sabato.	von Montag bis Samstag
lo spettacolo della domenica	die Sonntagsvorstellung

3. Monatsnamen stehen

a) im allgemeinen ohne Artikel:

Gennaio ha 31 giorni.
È nato in febbraio.
Pagherà a metà marzo.
Parte alla fine di aprile.
Lo vedrò agli ultimi di maggio.
Arriverà ai primi di giugno.
In luglio andrò al mare.
È nato nel mese d'agosto.

b) wenn sie näher bestimmt werden, mit bestimmtem Artikel:

nel bel maggio

4. Jahreszeiten

la primavera	Frühling	in primavera	im Frühling
l'estate	Sommer	in/d'estate	im Sommer
l'autunno	Herbst	d'autunno	im Herbst
l'inverno	Winter	d'inverno	im Winter

5. Jahreszahlen stehen mit dem bestimmten Artikel:

Il 1972 è stato l'anno delle Olimpiadi di Monaco.	1972 war das Jahr der Olympischen Spiele von München.
Nell'anno 1914 / Nel 1914 / Nel '14 scoppiò la prima guerra mondiale.	(Im Jahre) 1914 ...

Beachte. Die beiden ersten Ziffern einer Jahreszahl werden abweichend vom Deutschen nicht zusammengefaßt: millenovecentosettantadue Neunzehnhundertzweiundsiebzig

6. Das Lebensalter

Quanti anni hai?	Wie alt bist du?
Ho 25 anni (compiuti).	Ich bin 25 Jahre alt.
È una donna di quarant'anni/quarantenne.	... eine vierzigjährige Frau
È sui trenta/sulla trentina.	... um die Dreißig.
Ha un anno più / meno di Carla.	... ein Jahr älter/jünger als ...

7. Jahrhunderte

il secolo XIII (tredicesimo)	=	il Duecento	=	il '200	=	(1200–1299)
il secolo XIV (quattordicesimo)	=	il Trecento	=	il '300	=	(1300–1399)
il secolo XV (quindicesimo)	=	il Quattrocento	=	il '400	=	(1400–1499)

etc.

i grandi poeti **del Duecento** die großen Dichter des 13. Jahrhunderts

8. Das Datum

Beim Datum werden Grundzahlen verwendet; nur für den Ersten eines Monats steht die Ordnungszahl.

Qual è la data di oggi?	Welches Datum haben wir heute?
Oggi è il primo / l'undici / il venti.	Heute ist der 1. / 11. / 20.
È venerdì, il quindici agosto 1975.	Freitag, der 15. August 1975
Tornerà il 26 del mese.	... am 26. des Monats
Milano, 8 settembre 1973	Mailand, den 8. September 1973

Wendungen

oggi a otto	heute in acht Tagen	domani	morgen
domani a quindici	morgen in 14 Tagen	dopodomani	übermorgen
sei mesi	ein halbes Jahr	ieri	gestern
l'anno prossimo	nächstes Jahr	l'altro ieri	vorgestern
l'anno scorso / passato	letztes Jahr	il giorno prima/dopo	am Tag zuvor/danach
molti anni fa	vor vielen Jahren	l'altro giorno	neulich

Die Pronomen (I pronomi)

Das Personalpronomen (Il pronome personale)

Subjektformen und betonte Objektformen 85

	Subjektformen unbetont		Subjektformen betont		Objektformen betont	
1. Pers. Sing.			io	ich	me	mich
2. Pers. Sing.			tu	du	te	dich
3. Pers. Sing.						
Maskulinum	egli (Person)	esso (Sache/Person)	lui	er	lui	ihn
Femininum	(ella) (Person)	essa (Sache/Person)	lei	sie	lei	sie
Anrede			Lei	Sie	Lei	Sie
1. Pers. Plur.			noi	wir	noi	uns
2. Pers. Plur.			voi	ihr	voi	euch
3. Pers. Plur.						
Maskulinum		essi	loro	sie	loro	sie
Femininum		esse				
Anrede			Loro	Sie	Loro	Sie
reflexiv					sè	sich

Beachte

1. Die Formen *egli, ella, esso, -a, essi, -e* können nicht allein, sondern nur in Verbindung mit einem Verb stehen. Die anderen Subjektformen können sowohl mit als auch ohne Verb gebraucht werden (vgl. § 86).
2. Personalpronomen in der Höflichkeitsform kann man groß oder klein schreiben.
3. Das deutsche »**Sie**« bei der höflichen Anrede (vgl. § 10) wird ausgedrückt
   a) durch (*Lei* +) Verb in der 3. Person Singular, wenn man eine Person anredet;
   b) durch (*voi* +) Verb in der 2. Person Plural oder (sehr formell) durch (*Loro* +) Verb in der 3. Person Plural, wenn man mehrere Personen anredet;
4. Das deutsche »**es**« in unpersönlichen Ausdrücken bleibt unübersetzt:
   Non è vero. Es ist nicht wahr. Fa brutto tempo. Es ist schlechtes Wetter.
5. Das deutsche »**man**« wird gewöhnlich durch die *si*-Konstruktion (vgl. § 19) ausgedrückt:
   Si cantava. Man sang. Non si dice. Das sagt man nicht.

Gebrauch von Subjektformen und betonten Objektformen 86

1. **Subjektformen** werden gewöhnlich weggelassen: Partiamo oggi.

Subjektformen werden nur dann gebraucht

a) Abbiamo visto un palazzo che apparteneva alla famiglia Pitti. **Esso** si trova ...	a) wenn sonst nicht deutlich würde, wer/was gemeint ist
b) E **lei** lo credeva! Und **sie** glaubte es! Ci siamo divertiti molto anche **noi.** Neppure **loro** sapranno farlo. **Io** accompagnerò Gina e **tu** andrai a casa. Chi è venuto? – **Lui.**	b) wenn das Subjekt Schwerpunkt der Aussage ist

Beachte zu b)

1. In diesem Fall werden in der 3. Person nur die Formen *lui, lei, loro* verwendet.
2. Nachgestellte Pronomen haben besonderes Gewicht: In casa mia il padrone sono **io.**

2. **Betonte Objektformen** werden nur dann gebraucht

a) Perchè guardi sempre **me?** **A noi** non scrive mai. Vuole vedere **te** non **me.**	a) wenn das Objekt Schwerpunkt der Aussage ist (vgl. 1b)
b) Stimo **Lei** e i Suoi genitori. Ho parlato **a lui** e a sua moglie.	b) wenn ein weiteres Objekt folgt
c) Parlavano **di te.** Il padre mi prese **con sè.** Vado spesso **da loro.** È partito **senza di lei.**	c) nach Präpositionen (Präpositionen, die Pronomen mit *di* anschließen, vgl. § 122)

In allen anderen Fällen stehen unbetonte Objektformen (vgl. § 87).

3. Subjektform im Deutschen – betonte Objektform im Italienischen

Abweichend vom Deutschen stehen Objektformen

a) Carla è più bella **di te.** ... schöner als du. Non fare **come me.** Mache es nicht wie ich.	a) nach *di* als nach *come / quanto* wie
b) Se io fossi **te** ... Ich an deiner Stelle ...	b) als prädikative Ergänzung
c) Povero **lui!** Der Arme! Beato **te!**	c) in Ausrufen
d) Contento **lui,** contenti tutti. Partita **lei,** potremmo uscire.	d) in Konstruktionen ohne konjugiertes Verb (vgl. § 46)

Beachte. Nach *ecco* stehen unbetonte Objektformen: Ecco**mi.** Da bin ich.

Unbetonte Objektformen **87**

	Direktes Objekt			Indirektes Objekt
1. Pers. Sg.	**Mi** hai visto? Hast du **mich** gesehen?	mi		**Mi** porti il giornale. Bringen Sie **mir** die Zeitung.
2. Pers. Sg.	**Ti** comprendo bene. Ich verstehe **dich** gut.	ti		**Ti** piace Roma? Gefällt **dir** Rom?
3. Pers. Sg. mask.	Dov'è Paolo / il libro? **Lo** vedi? Siehst du **ihn/es?**	lo	gli	Quando porti il pacco a Gino? **Gli** porto il pacco oggi. Ich bringe **ihm** das Paket heute.
fem.	Ecco Giulietta. Non **la** conosci? Kennst du **sie** nicht?	la	le	Scriverai a Teresa? No, **le** telefonerò. Nein, ich werde mit **ihr** telefonieren.
Anrede mask. + fem.	Dottore/Signora, **La** prego di venire. Ich bitte **Sie** ...	La	Le	Dottore/Signora, **Le** prometto di venire. Ich verspreche **Ihnen** ...
reflexiv	Gino **si** è sbagliato. Gino hat **sich** geirrt.	si		**Si** è fatta la macchina. Er hat **sich** ein Auto zugelegt.

1. Pers. Pl.	**Ci** ha visti. Er hat **uns** gesehen.	ci		**Ci** porti due caffè. Bringen Sie **uns** zwei Kaffee.
2. Pers. Pl.	**Vi** comprendo bene. Ich verstehe **euch** gut. / Ich verstehe **Sie** gut.	vi		**Vi** scriverò presto. Ich schreibe **euch** bald. / Ich schreibe **Ihnen** bald.
3. Pers. Pl. mask.	Ecco i Piccolo. **Li** conosci? Kennst du **sie?**	li	loro oder	Quando scriverò a Carlo e Graziana farò sapere **loro** l'ora del mio arrivo. /
fem.	Che belle scarpe! Dove **le** hai comprate? Wo hast du **sie** gekauft?	le	gli	Quando scriverò a Carlo e Graziana **gli** farò sapere ... ... werde ich **ihnen** ... mitteilen.
Anrede mask.	Signori, **Li** prego di venire. Ich bitte **Sie** ...	Li	Loro oder	Signori/Signore, vorrei presentar **Loro** il dottor Micolini./
fem.	Signorine, **Le** prego di venire. Ich bitte **Sie** ...	Le	Vi	Signori/Signore, vorrei presentar**Vi** il dottor Micolini. Ich möchte **Ihnen** ... vorstellen.
reflexiv	Tutti **si** sono sbagliati. Alle haben **sich** geirrt.	si		**Si** sono comprati un cane. Sie haben **sich** einen Hund gekauft.

Unbetonte Objektformen werden nur in Verbindung mit dem Verb gebraucht.
In der 3. Person Plural steht keine unbetonte, sondern nur die betonte Form *loro* zur Verfügung.
Unbetonte Objektformen werden durch betonte Objektformen ersetzt (vgl. § 86), wenn besonderer Nachdruck auf dem Personalpronomen liegt (z. B. in Satzteilen ohne Verb; nach *anche, neppure;* nach Präpositionen; wenn ein weiteres Objekt folgt).

Beachte

1. *Lo* und *la* werden vor einem mit Vokal oder *h* beginnenden Wort meist apostrophiert:
   L'abbiamo visto. Wir haben ihn gesehen. **L'**hai vista? Hast du sie gesehen?
2. Das Pronomen *lo* kann sich auf einen vorausgehend genannten Sachverhalt beziehen.
   Luigi era già partito, ma noi non **lo** sapevamo. ... aber wir wußten es nicht
   Si crede brava, ma non **lo** è. ... aber sie ist es nicht.
3. Anstelle von *loro* ihnen wird in der Umgangssprache häufig *gli* gebraucht:
   Scriverò loro. / Gli scriverò. Ich werde ihnen schreiben.
4. Bei der höflichen Anrede wird anstelle der 3. Person auch *Vi* verwendet:
   Le prometto / **Vi** prometto di venire, dottore / signora.
   Prometto **Loro / Vi** prometto di venire, signori / signore. } Ich verspreche Ihnen ...
   Bei der höflichen Anrede können Personalpronomen groß oder klein geschrieben werden.

Die Pronominaladverbien »ne, ci, vi« 88

1. ne steht für Ergänzungen mit *da* von ... her und *di.*

Sei stato alla stazione? — Sì, **ne** vengo proprio ora. Ich komme gerade **von dort.**		örtlich
Non mi parlare di ciò. = Non me **ne** parlare.	**Davon** will ich nichts hören.	übertragen: für Sachen
Che **ne** dici tu?	Was sagst du **dazu**?	
Ne siamo molto contenti.	... **damit** zufrieden.	
Io **ne** trarrò le conseguenze.	... die Konsequenzen **daraus** ziehen.	
Quante fotografie hai fatto? — **Ne** ho fatte tre.	Ich habe drei (davon) gemacht.	
Dove sono Carlo e Ernesto? Non **ne** ho notizie da un anno.	... nichts **von ihnen** gehört.	für Personen

2. ci, vi stehen für Ergänzungen mit *a, in, su* und *da* bei, zu.

Roma mi piace. **Ci / Vi** vado spesso.	Ich gehe oft **(dort)hin.**	örtlich
Non **ci** ho pensato.	... nicht **daran** gedacht.	übertragen: nur für Sachen
Non **ci** abbiamo badato.	... nicht **darauf** geachtet.	
Ci ho messo un'ora a fare i compiti.	... eine Stunde **(dazu)** gebraucht ...	

Zwei unbetonte Objektformen nebeneinander 89

1. Formen

Pronomen, die indirektes Objekt sind, sowie die Pronominaladverbien *ci* und *vi* haben vor den direkten Objekten *lo, la, li, le* und vor *ne* folgende Formen:

		lo	la	li	le	ne
mi	mir	me lo	me la	me li	me le	me ne
ti	dir	te lo	te la	te li	te le	te ne
gli le	ihm/(ihnen) ihr	glielo	gliela	glieli	gliele	gliene
ci	uns; dort	ce lo	ce la	ce li	ce le	ce ne
vi	euch; dort	ve lo	ve la	ve li	ve le	ve ne
si	sich	se lo	se la	se li	se le	se ne

Ausnahme
Loro ist unveränderlich: Ne parlerò **loro** domani. Ich werde mit ihnen darüber sprechen.

2. Reihenfolge

Treffen zwei unbetonte Objektformen zusammen, so ist die Reihenfolge

Indir. Objekt	vor	Dir. Objekt	vor	ci vi	vor	ne	vor dem Verb bzw. nach dem Verb (vgl. §§ 90–92)	
Ce		la					mostra.	Er zeigt sie uns.
Glielo							spiego.	Ich erkläre es ihm / (ihnen).
Gli		si					avvicina.	Er nähert sich ihm / (ihnen).
Se		li					prende.	Er nimmt sie sich.
Ve						ne	do un po'.	Ich gebe euch ein wenig (davon).
		Se				ne	rallegra.	Er freut sich darüber.
		Mi		ci			abituo.	Ich gewöhne mich daran.
				Ce		ne	vedrai molti.	Du wirst dort viele (davon) sehen.

Ausnahmen
a) *Loro* wird direkten Objekten nachgestellt: L'ho detto **loro.** Ich habe es ihnen gesagt.
b) *Ci* wird *si* vorangestellt: Mario **ci** si prepara bene. ... bereitet sich gut darauf vor.

Beachte. In der *si*-Konstruktion (vgl. § 19) steht *si* unmittelbar vor dem Verb:
Mi **si** dice spesso di non essere troppo timida. Man sagt mir oft, ...
Ci **si** sbaglia facilmente. Man irrt sich leicht.
Ausgenommen ist die Verbindung mit *ne:* **Se** ne parla. Man spricht darüber.

Die Stellung unbetonter Objektformen beim Verb 90

1. Unbetonte Objektformen stehen vor dem konjugierten Verb.	
Ti aspettiamo stasera. Wir erwarten dich heute abend. Non **lo** sapeva. Er wußte es nicht. **Gli** hai scritto? Hast du ihm/ihnen geschrieben?	Non **ve lo** posso dire. Ich kann es euch nicht sagen. I pacchi? **Glieli** manderò. Ich werde sie ihm/ihr/ihnen schicken. **Gliene** parlerò. Ich werde mit ihm/ihr/ihnen darüber sprechen.

Ausnahme.
Loro als Objekt wird dem Verb nachgestellt:

Ho detto **loro** di aspettare. Ich habe ihnen gesagt, sie sollen warten.
È piaciuto **loro?** Hat es ihnen gefallen?
Lo dirai **loro?** / Glielo dirai? Wirst du es ihnen sagen?

2. Unbetonte Objektformen werden angehängt, ohne daß sich die Betonung ändert	
a) Raccont**ami** del tuo viaggio. Erzähle mir ... Dit**emelo.** Sagt es mir.	a) an bestimmte Formen des Imperativs, s. § 91
b) Bisogna dir**glielo.** Man muß es ihm sagen. Arrived**erci.** Auf Wiedersehen!	b) an den Infinitiv, s. § 92
c) Vedendo**la,** le corsi incontro. Als ich sie sah, ... Dicendo**gli** questo, lo offenderai. Wenn du ihm das sagst, ...	c) an das Gerundium (vgl. § 42)
d) Ecco le lettere scritte**mi** da Lisa. ... die Briefe, die mir Lisa geschrieben hat. Cercava le ragazze e, trovate**le,** disse che era pronto. ..., nachdem er sie gefunden hatte, ...	d) an das Partizip Perfekt ohne Hilfsverb (vgl. § 46)
e) Dove sei? — Ecco**mi** qui. Hier bin ich. Ecco**la** che viene. Da kommt sie ja. Ecco**ti** le chiavi. Da hast du die Schlüssel. Ecco**tele.** Da hast du sie.	e) an *ecco*

Ausnahme.
Loro als Objekt wird nicht angehängt: Racconta **loro** del tuo viaggio. Erzähle ihnen ...

Unbetonte Objektformen beim Imperativ (vgl. auch § 15) 91

1. Legg**imi** questa lettera.	Lies mir ... vor!
Dat**elo** a me. / Dat**emelo.**	Gebt es mir!
Mostriamo**glielo.**	Zeigen wir es ihm/ihr/ihnen!
2. Non **glielo** mostrare. / Non mostrar**glielo.**	Zeige es ihm/ihr/ihnen nicht!
Non **gliene** parlate. / Non parlate**gliene.**	Sprecht nicht mit ihm/ihr/ihnen darüber!
3. Non **lo** faccia, signora.	Tun Sie es nicht!
Me li mostrino, signori.	Zeigen Sie sie mir!

1. Beim bejahten Imperativ der 2. Person Singular und Plural und der 1. Person Plural werden unbetonte Objektformen angehängt.
2. Beim verneinten Imperativ der 2. Person Singular und Plural und der 1. Person Plural können unbetonte Objektformen vorangestellt oder angehängt werden.
3. Beim Imperativ der 3. Person Singular und Plural (Höflichkeitsform) werden unbetonte Objektformen vorangestellt.

Beachte

Werden unbetonte Objektformen an die einsilbigen Imperative *da'* gib! *di'* sage! *fa'* tue! *sta'* sei/bleibe! *va'* gehe! angehängt, so verdoppelt sich ihr Konsonant (außer bei *gli*):

Di**mm**elo.	Sage es mir!	Fa**cc**i questo favore.
Va**tt**ene!	Geh fort!	Da**ll**e il nostro indirizzo.
Fa**mm**i mangiare	Gib mir zu essen.	Aber: Dagli il nostro indirizzo.

Unbetonte Objektformen beim Infinitiv (vgl. auch § 15) 92

1. Non fa niente per aiutar**mi.**	..., um mir zu helfen.
Sono lieto di riveder**ti.**	... froh, dich wiederzusehen.
Come hai fatto a indovinar**lo?**	Wie hast du es erraten?
2. Devo parlar**gli.** / **Gli** devo parlare.	Ich muß mit ihm sprechen.
Non vuole veder**li.** / Non **li** vuole vedere.	Er will sie nicht sehen.
Vengo a trovar**ti.** / **Ti** vengo a trovare.	Ich komme dich besuchen.
3. **Lo** faccio venire.	Ich lasse ihn kommen.
Lascia**la** dire quello che vuole.	Laß sie sagen, was sie will.
Non **vi** abbiamo sentiti entrare.	Wir haben euch nicht hereinkommen hören.

1. Unbetonte Objektformen werden an den Infinitiv angehängt, der dabei den Endvokal verliert.
2. Sie können bei *volere, dovere, potere, sapere, andare a, venire a* + Infinitiv entweder an den Infinitiv angehängt oder dem Modalverb vorangestellt werden.
3. Sie stehen bei *fare* (veran)lassen, *lasciare* (zu)lassen, Verben der Wahrnehmung + Infinitiv nur bei diesen Verben, nicht beim nachfolgenden Infinitiv.

Beachte zu § 92

Werden unbetonte Objektformen an Infinitive auf *-rre* wie *porre, condurre, tradurre* angehängt, so wird der Infinitiv um *-re* gekürzt:

Dove vuoi condur**mi?**	Wohin willst du mich führen?
Non riesco a tradur**lo.**	Ich kann es nicht übersetzen.

Ausnahme zu § 91 und § 92

Loro als Objekt wird dem Verb nachgestellt und getrennt geschrieben:

Di' **loro** di aspettare.	Sage ihnen, sie sollen warten.
Farò vedere **loro** tutta Roma.	Ich werde ihnen ganz Rom zeigen.

Besonderheiten beim Gebrauch von Objektformen 93

1. Das zunächst durch ein Pronomen vertretene Objekt kann durch eine ergänzende Wiederholung am Satzende stärker hervorgehoben werden:

Non *gli*elo dica **a Sua moglie,** mi raccomando.	Sagen Sie es aber ja nicht Ihrer Frau.
Me *ne* intendo un po' **di queste cose.**	Davon verstehe ich etwas.

2. In gesprochener Sprache werden Objekte und präpositionale Ergänzungen häufig an den Satzanfang gestellt, wenn sie besonders betont werden sollen. Sie werden beim Verb durch die entsprechende unbetonte Objektform wieder aufgenommen:

La tua casa **la** vendi?	Was, du verkaufst dein Haus?
Questi libri **li** conosco già.	Diese Bücher kenne ich schon.
Questo **lo** avresti dovuto fare un anno fa.	Das hättest du vor einem Jahr tun sollen.
Di cose simili non **ne** voglio sentir parlare.	Von solchen Dingen will ich nichts hören.
A voi non **vi** basta mai niente.	Euch ist nie etwas gut genug.
A casa sua **ci** vado raramente.	Zu ihm gehe ich selten.

Redewendungen

In einigen idiomatischen Ausdrücken steht das Pronomen *la* ohne erkennbare Beziehung auf ein Substantiv (vgl. auch § 18), z. B.

darla a bere	einen Bären aufbinden
darsela a gambe	sich aus dem Staub machen
farla finita	ein Ende machen
finirla / smetterla / piantarla	aufhören
farla grossa	etw anstellen
saperla lunga	es faustdick hinter den Ohren haben
farcela; non ce la faccio	es schaffen; ich schaffe es nicht, ich kann nicht

Das Possessivpronomen (Il pronome e l'aggettivo possessivo)

Formen 94

	Mask. Sing.	Mask. Plur.	Fem. Sing.	Fem. Plur.
1. Pers. Sing.	il **mio** libro mein Buch	i **miei** libri meine Bücher	la **mia** casa mein Haus	le **mie** case meine Häuser
2. Pers. Sing.	il **tuo** libro dein Buch	i **tuoi** libri deine Bücher	la **tua** casa dein Haus	le **tue** case deine Häuser
3. Pers. Sing.	il **suo** libro sein/ihr Buch	i **suoi** libri seine/ihre Bücher	la **sua** casa sein/ihr Haus	le **sue** case seine/ihre Häuser
Anrede	il **Suo** libro Ihr Buch	i **Suoi** libri Ihre Bücher	la **Sua** casa Ihr Haus	le **Sue** case Ihre Häuser
1. Pers. Plur.	il **nostro** libro unser Buch	i **nostri** libri unsere Bücher	la **nostra** casa unser Haus	le **nostre** case unsere Häuser
2. Pers. Plur.	il **vostro** libro euer Buch	i **vostri** libri eure Bücher	la **vostra** casa euer Haus	le **vostre** case eure Häuser
3. Pers. Plur.	il **loro** libro ihr Buch	i **loro** libri ihre Bücher	la **loro** casa ihr Haus	le **loro** case ihre Häuser
Anrede	il **Loro** libro Ihr Buch	i **Loro** libri Ihre Bücher	la **Loro** casa Ihr Haus	le **Loro** case Ihre Häuser

Das Possessivpronomen richtet sich in Geschlecht und Zahl nach dem Besitzobjekt:
Carla, dov'è il tuo dizionario / la tua grammatica?

Ausnahme
Loro ist unveränderlich: I Neri vendono il loro giardino / la loro casa / i loro mobili.

Beachte

1. Im Italienischen gibt es in der 3. Person Singular nur das Pronomen *suo* sein/ihr:

		seinen Garten	sein Haus	seine Möbel	seine Gemälde
Paolo Maria	vende	il suo giardino,	la sua casa,	i suoi mobili,	le sue pitture
		ihren Garten	ihr Haus	ihre Möbel	ihre Gemälde

2. Wenn Mißverständnisse beim Gebrauch von *suo* entstehen könnten, so wird es mit *di* + betontem Personalpronomen umschrieben:
   Carlo arriverà con sua moglie e il padre **di lei.**
   Anna è in montagna con il suo fidanzato e la madre **di lui.**
3. In Sätzen ohne bestimmtes Subjekt (vgl. §§ 19, 20) wird *suo* durch *proprio* ersetzt:
   Non si deve trascurare la **propria** salute. Man darf seine Gesundheit nicht vernachlässigen.
   Bisogna rispondere dei **propri** errori. Man muß für seine Fehler einstehen.

4. Dem deutschen Possessivpronomen »Ihr« bei der höflichen Anrede (vgl. § 85) entspricht
   a) das veränderliche *Suo*, wenn man zu einer Person spricht;
   b) das unveränderliche *Loro*, wenn man zu mehreren Personen spricht;
   c) gelegentlich *Vostro* (Geschäftskorrespondenz).
5. Possessivpronomen in der Höflichkeitsform können groß oder klein geschrieben werden.

Der Gebrauch des Possessivpronomens 95

Die Formen des Possessivpronomens werden sowohl adjektivisch als auch substantivisch gebraucht. Der bestimmte Artikel steht abweichend vom Deutschen auch vor dem adjektivisch gebrauchten Possessivpronomen (Ausnahmen vgl. § 96).

adjektivisch	substantivisch
Dov'è **la mia cravatta?** Eccoti **il tuo biglietto.** **I suoi genitori** vivono nel Canadà. **Il Suo passaporto,** per favore. **I loro figli** sono ancora piccoli.	Dammi il tuo ombrello, ho dimenticato **il mio.** Non hai notizie **dei tuoi?** von deiner Familie La sua casa è più piccola **della nostra.** Ha speso tutto **il suo.** sein ganzes Vermögen

Besonderheiten beim Gebrauch des Possessivpronomens 96

1. Das Possessivpronomen mit unbestimmtem Artikel / Pronomen / Zahlwort

Un mio amico parla il russo. = Uno dei miei amici ...	ein Freund von mir
Una sua figlia farà l'attrice.	eine seiner Töchter
Il paesaggio toscano ha **un (suo) fascino** tutto particolare.	einen ganz besonderen Reiz
Non mi piace **quella sua amica.**	diese Freundin von ihm
Hanno venduto **due (delle) loro** case.	zwei ihrer Häuser

2. Das Possessivpronomen vor Verwandtschaftsnamen

a) Ecco **mio** padre/figlio/fratello. Conosce **suo** cugino/zio/marito? **Tua** madre/nonna/moglie è fuori.	a) Das Possessivpronomen vor Verwandtschaftsnamen steht gewöhnlich ohne Artikel. (vgl. auch 3)
b) Ecco **i miei** figli. Non ho notizie **dei suoi** genitori. **il nostro** fratello maggiore **il tuo** fratellino/babbo	b) Es steht mit bestimmtem Artikel — vor Verwandtschaftsnamen im Plural — vor Verwandtschaftsnamen mit näherer Bestimmung sowie vor Zärtlichkeitsformen

Ausnahme zu a). *Loro* steht mit Artikel: **Il loro** figlio fa l'università.

3. Das Possessivpronomen ohne Artikel (vgl. auch 2a)

Das Possessivpronomen steht ohne Artikel

a) È **mio** dovere. Credevo che fosse **tuo** amico / amico **tuo.** Di chi è questo libro? – È **mio.** Wem gehört ...? – (Es gehört) mir. / Es ist meines. Di chi sono questi guanti? – Sono **miei.** È **Sua** questa borsa? – No, è del signor Neri. Gehört die Tasche Ihnen?	a) wenn das Possessivpronomen zum Prädikat gehört (vgl. § 51) **Beachte** *essere* + Possessivpronomen = gehören
b) **Mio** caro Paolo / **Mio** caro amico / Caro **mio,** per il tuo compleanno ti auguro ogni bene ...	b) in der Anrede
c) Mamma **mia!**	c) in Ausrufen
d) Vorrei presentarVi il dottor Milesi, **mio** compagno di scuola.	d) in der Beifügung
e) A casa **mia** il padrone sono io.	e) in Wendungen (vgl. § 97)

Beachte
Das nachgestellte Possessivpronomen hat besonderes Gewicht.

4. Wegfall des Possessivpronomens

Das Possessivpronomen kann wegfallen, wenn der Sinn eindeutig ist:

Enrico abita dai genitori.	Enrico wohnt bei seinen Eltern.
Ho perso l'ombrello.	Ich habe meinen Schirm verloren.
Non voglio rischiare la vita.	Ich will nicht mein Leben riskieren.

Redewendungen 97

1. mit vorangestelltem Possessivpronomen

a tua disposizione	zu deiner Verfügung	a mio parere	meiner Ansicht nach
a vostro vantaggio	zu eurem Vorteil	a Suo piacere	nach Ihrem Belieben
a tuo credito	zu deinen Gunsten	con mio dispiacere	zu meinem Bedauern
a mio debito	zu meinen Lasten	in tuo nome	in deinem Namen
a vostro favore	zu euren Gunsten	per Sua fortuna	zu Ihrem Glück

2. mit nachgestelltem Possessivpronomen

a casa mia	bei mir zu Hause	da parte mia	meinerseits

Das Demonstrativpronomen (Il pronome e l'aggettivo dimostrativo)

Formen von »questo« und »quello« 98

	Mask. Sing.	Mask. Plur.	Fem. Sing.	Fem. Plur.
substantivisch	questo; questi*	questi	questa	queste
adjektivisch	questo libro	questi libri	questa casa	queste case
substantivisch	quello; quegli*	quelli	quella	quelle
adjektivisch vor Konsonant vor *s* + Konsonant/*z* vor Vokal	 quel libro quello stadio quell' uomo	 quei libri quegli stadi quegli uomini	 quella casa quella stanza quell' idea	 quelle case quelle stanze quelle idee

* vgl. § 100

Beachte
Questo und *questa* werden vor Vokal meist apostrophiert: **quest'**anno

Gebrauch von »questo« und »quello« 99

1. **Questi** sono i miei amici.
   Das (hier) sind meine Freunde.
   In **questa** zona piove spesso.
   (Hier) in dieser Gegend ...
   Queste arance sono splendide.
   Me ne dia un chilo.
   Di chi è **questa** borsa?
   Con **questo** chiasso è impossibile studiare.

1. Che fanno **quelli** lassù?
   Was machen die dort oben?
   Mi scrive che in **quella** zona piove.
   ... daß es dort regnet.
   Splendide **quelle** arance che abbiamo mangiato in Sicilia.
   Ti ricordi il colore di **quella** borsa?
   Con **quel** chiasso era impossible studiare.

2. **Questa** mattina è nevicato.
   Heute morgen hat es geschneit
   Quest'anno andremo al mare.
   Dieses Jahr fahren wir ans Meer.

2. **Quella** mattina nevicava.
   An dem/jenem Morgen schneite es.
   Nel 2000? A **quell'**epoca sarò morto.
   Diese Zeit werde ich nicht mehr erleben.

Questo wird verwendet
1. bei Personen und Sachen, die in unmittelbarer Nähe sind
2. bei Zeitangaben, die die Gegenwart betreffen

Quello wird verwendet (vgl. auch S. 104)
1. bei Personen und Sachen, die nicht in unmittelbarer Nähe sind
2. bei Zeitangaben, die nicht die Gegenwart betreffen

Quello wird unter anderem gebraucht

a) wenn ein Substantiv nicht wiederholt werden soll:

Di questi due quadri mi piace più **quello piccolo.**	... das kleine.
Qual è la tua macchina? – **Quella rossa.**	... das rote.
La mia casa è più grande di **quella** di Gianni.	... als die von Gianni.

b) vor Relativsätzen (vgl. § 109):

Ecco **quello che** volevo dire.	Das ist es, was ich sagen wollte.
È **quella** stessa signora **che** abbiamo conosciuta a Firenze.	Das ist die Dame, die ...
Tutti **quelli che** hanno letto il libro ne sono rimasti entusiasti.	Alle (diejenigen), die ...

Beachte
Neutral gebrauchtes *quello* wird vor *che* gelegentlich zu *quel* verkürzt:
È più intelligente di **quel che** si crede. Er ist intelligenter, als man glaubt.

Besonderheiten beim Gebrauch von »questo« und »quello« 100

1. Bei Gegenüberstellungen verwendet man abwechselnd *questo* und *quello:*
   Questo libro mi piace più di **quello.** Dieses Buch gefällt mir besser als das (dort).
   Conosco *il Lazio* e *la Sicilia;* **questa** perchè vi sono nato,
   quello perchè vi abito da dieci anni.

2. Anstelle von *questo* und *quello* werden für eine männliche Person im Singular und nur im Subjektsfall gelegentlich die Formen *questi* und *quegli* verwendet:
   Ho scritto al mio *avvocato;* **questi** ha mandato la lettera al tribunale. Dieser ...
   Dante e *Petrarca* sono poeti del '300; **questi** è nato ad Arezzo,
   quegli a Firenze.

Redewendungen 101

questa mattina/stamattina	heute morgen
questa sera/stasera	heute abend
a quest'ora	um diese Zeit
con questo tempo	bei diesem Wetter
da questa parte	hier/auf dieser Seite
Sentite questa!	Hört euch das an!
Questa poi è grossa!	Das ist ein starkes Stück!
Questa non me l'aspettavo.	Darauf war ich nicht gefaßt.

Das neutrale Demonstrativpronomen »ciò« 102

Ciò non mi riguarda. / Questo non mi riguarda.	Das geht mich nichts an.
Faccia **ciò** che vuole / quello che vuole.	Machen Sie (das), was Sie wollen.
Che cosa avrà voluto dire con **ciò?**	Was wollte er damit wohl sagen?
Verrò tra un'ora, **cioè** alle due.	... das heißt / nämlich um zwei Uhr.

Beachte

Weist das neutrale deutsche »das« auf eine nachstehend genannte Person oder Sache hin, so wird es nicht mit *ciò*, sondern mit *questo* bzw. *quello* wiedergegeben:

È **quella** la Villa Giulia? Ist das (dort) die Villa Giulia?

Questi sono *i miei guanti*. Das (hier) sind meine Handschuhe.

Weitere Demonstrativpronomen 103

tale (vor männlichen Substantiven im Singular oft zu *tal* verkürzt)

In **tal caso** non si sa che cosa fare.	in so(lch) einem Fall
Il freddo era **tale** che non si poteva uscire.	dermaßen kalt
Ti restituisco i libri **tali e quali.**	so wie sie sind, genauso, unverändert

stesso/medesimo

Pensiamo anche noi **lo stesso.**	dasselbe
Frequentano **la stessa/medesima scuola.**	dieselbe/gleiche Schule

Per me fa **lo stesso.** Mir ist es einerlei.

Lo faccio **lo stesso.** Ich tue es trotzdem.

le **stesse** signore dieselben Damen

le signore **stesse** die Damen selbst

costui – colui – codesto

	Sing. Mask.	Sing. Fem.	Plur. Mask.	Plur. Fem.
substantivisch	1. costui colui	costei colei	costoro coloro	
substantivisch adjektivisch	2. codesto codesto libro	codesta codesta casa	codesti codesti libri	codeste codeste case

1. Die Demonstrativpronomen *costui* und *colui* werden selten gebraucht anstelle von *questo* und *quello*, aber nur substantivisch und nur für Personen (meist in verächtlichem Sinn):
   Chi è **costei?** Wer ist denn die (da)?
   Di **coloro** non mi fido. Denen traue ich nicht.
   Colui wird (ohne diesen Nebensinn) auch vor Relativsätzen gebraucht (vgl. § 109):
   Colui che non ha peccato scagli la prima pietra. Derjenige, der ...
2. *Codesto* wird außerhalb der Toskana kaum gebraucht. Es steht für Personen oder Sachen, die sich beim Angesprochenen befinden:
   Codesto tuo cappello è proprio ridicolo. Dieser Hut (, den du trägst,) ist wirklich lächerlich.

Das Interrogativpronomen
(Il pronome e l'aggettivo interrogativo)

chi – che cosa – che 104

Die Interrogativpronomen *chi, che (cosa)* sind unveränderlich.

1. **Chi** è? **Chi** avete visto? **Di chi** è la colpa? **A chi** scrivi? Dimmi **con chi** vai e ti dirò **chi** sei.	Wer ist es? / Wer ist da? Wen habt ihr gesehen? Wessen Schuld ist es? An wen / Wem schreibst du? Sage mir, mit wem …	1. *Chi* fragt nach Personen allgemein.
2. **Che cosa** c'è di nuovo? **Che cosa** vuoi dirmi? **Di che cosa** si tratta? **A che cosa** pensi?	Was gibt es Neues? Was willst du mir sagen? Worum handelt es sich? Woran denkst du?	2. *Che cosa* fragt nach Sachen allgemein.
3. **Che gente** è questa? **Che dischi** vuoi sentire? **In che anno** sei nato? Vorrei sapere **che risultati** ha ottenuto.	Was für Leute sind das? Was für Schallplatten …? In welchem Jahr …? Ich möchte wissen, welche Ergebnisse er erzielt hat.	3. *Che* vor einem Substantiv fragt nach Eigenschaft oder Art von Personen oder Sachen.

Beachte zu 2.

a) Das Interrogativpronomen *che cosa* ist ein Neutrum:

Che cosa è successo?	Was ist passiert?

b) In der Umgangssprache verwendet man statt *che cosa* häufig nur *che* oder nur *cosa:*

Che c'è?	Was ist los? / Was gibt's?
Cosa vuoi?	Was willst du?

Wendungen mit »chi« und »che«

Chissà.	Wer weiß.
A che ora?	Um wieviel Uhr?
In che giorno? — Il 25 marzo.	An welchem Tag? — Am 25. März.
Che tempo fa?	Wie ist das Wetter?
Di che colore sono i tuoi occhi?	Welche Farben haben deine Augen?
Che bella giornata!	Was für ein schöner Tag!
Che peccato!	Wie schade!
Che seccatura!	Wie unangenehm!
Che bellezza!	Wie schön!

quale 105

Das Interrogativpronomen *quale* hat die Pluralform *quali*.
Die Singularform *quale* wird vor *essere* und vor männlichen Substantiven, sofern sie nicht mit *z* oder *s* + Konsonant beginnen, zu *qual* verkürzt.

Quale dei due è tuo fratello?	Welcher der beiden ...?	*Quale* fragt nach Personen oder Sachen aus einer bestimmten Anzahl. Es wird substantivisch und adjektivisch gebraucht.
Ecco tre pere. **Quale** vuoi?	Welche willst du?	
Non so **quale** prendere.	Ich weiß nicht, welche ...	
Qual è la tua opinione?	Was ist deine Meinung?	
Quali sono i romanzi di Moravia che conosci?	Welche Romane von Moravia kennst du?	
Quali capitoli dobbiamo preparare?	Welche Kapitel ...?	
A quale porta busseremo?	An welcher Tür ...?	
Di quali argomenti si tratta?	Um welche Themen handelt es sich?	

quanto 106

Quanto ist nach Geschlecht und Zahl veränderlich.

Quanto costa?	Wieviel kostet es?	*Quanto* fragt nach der Anzahl oder Menge bei Personen und Sachen.
Quanti sono venuti?	Wie viele sind gekommen?	
Ecco l'uva. **Quanta** ne vuoi?	Wieviel willst du (davon)?	
Quanto denaro hai?	Wieviel Geld hast du?	
Quante lingue parla Lei?	Wie viele Sprachen ...?	
Quanta stoffa ci vuole?	Wieviel Stoff ...?	

Wendungen mit »quanto«

Quanto fa due più due?	Wieviel ist zwei und zwei?
Quanti anni hai?	Wie alt bist du?
Quanto dura ancora?	Wie lange dauert es noch?
Quanto dista dalla stazione?	Wie weit ist es vom Bahnhof (entfernt)?
Quant'è alta questa torre?	Wie hoch ist dieser Turm?
Quant'è bella!	Wie schön sie ist!

Das Relativpronomen (Il pronome relativo)

che – cui – il quale 107

1. che – cui

Die Relativpronomen *che* und *cui* können für Personen oder Sachen (Maskulinum und Femininum, Singular und Plural) stehen. *Che* und *cui* sind unveränderlich.

a) **che** wird gebraucht als Subjekt und als direktes Objekt (vgl. auch § 108).

Questo è l'uomo **che** mi salvò la vita.	der Mann, der mir das Leben rettete
Ecco la borsa **che** mi piace tanto.	die Tasche, die mir so gut gefällt
C'erano dei bambini **che** giocavano.	Kinder, die spielten
Quell'uomo **che** vedi laggiù è mio zio.	der Mann, den du dort unten siehst
Ecco la borsa **che** ho comprato/comprata ieri.	die Tasche, die ich gestern gekauft habe
I libri **che** cerchi sono nel cassetto.	die Bücher, die du suchst

Beachte. Sono *io* che l'**ho** fatto. — *Ich* war es, der es getan **hat.**

b) **cui** wird gebraucht nach Präpositionen.

L'impiegato (**a**) **cui** mi sono rivolto è davvero gentile.	der Beamte, an den ich mich wandte
Ecco il libro **di cui** parlavano.	das Buch, von dem sie sprachen
Moravia, **di cui** ho letto tutti i romanzi, è il mio scrittore preferito.	Moravia, dessen Romane ich alle gelesen habe
A mia moglie non piace la casa **in cui** viviamo.	das Haus, in dem wir leben
Il paese **da cui** / da dove viene è povero.	das Dorf, aus dem er kommt
Chi è quel ragazzo **con cui** esci?	der Junge, mit dem du ausgehst
Questo è il motivo **per cui** vengo.	der Grund, weshalb ich komme

Beachte

1. Die Präposition *a* kann vor *cui* wegfallen:
   l'amico (a) **cui** scrivo — der Freund, dem ich schreibe
2. In der Bedeutung »dessen, deren« steht statt *di cui* häufig nur *cui* zwischen dem bestimmten Artikel und dem Substantiv:
   la Toscana **i cui vini** sono famosi — die Toskana, deren Weine berühmt sind

   Fabio **la cui moglie** è morta — Fabio, dessen Frau gestorben ist
3. In Verbindung mit Substantiven im Plural wird statt *cui* meist das Relativpronomen *i / le quali* verwendet, vgl. 2.

2. il quale

Das Relativpronomen *il quale* kann für Personen und Sachen stehen. Es unterscheidet Geschlecht und Zahl.

Mask. Sing.	Mask. Plur.	Fem. Sing.	Fem. Plur.	
il quale	i quali	la quale	le quali	= che
al quale	ai quali	alla quale	alle quali	= (a) cui
del quale	dei quali	della quale	delle quali	= di cui
dal quale	dai quali	dalla quale	dalle quali	= da cui
nel quale	nei quali	nella quale	nelle quali	= in cui
per il quale	per i quali	per la quale	per le quali	= per cui

Il quale steht meist im Plural und nach Präpositionen. Im Singular wird es gewöhnlich nur dann verwendet, wenn der Bezug auf eine bestimmte Person oder Sache besonders betont werden soll oder verdeutlicht werden muß.

Ho visto *il padre* di Anna, **il quale** è ritornato da Roma.
Sulla pista gelata dei campi di neve spiccavano *le giacche variopinte* degli sciatori, **le quali** davano una nota di colore al paesaggio.
Domani vedrai *Antonio* e *Andrea* **dei quali** ti ho parlato così spesso.
È una stanza grande con *tre finestre* **dalle quali** ho una bella vista del lago.

Besonderheiten beim Gebrauch von »che« 108

1. il che

In Relativsätzen, die sich nicht auf ein einzelnes Wort, sondern auf den gesamten Inhalt eines vorhergehenden Satzes beziehen, steht als Relativpronomen *il che,* in der Umgangssprache auch *cosa che* (dt. oft »was«):

Mi ha ringraziato, **il che** mi ha fatto piacere. ..., was mich freute.
Dice che ha già finito, **cosa che** non credo. ..., was ich nicht glaube.

2. »che« als Relativ der Zeit und des Orts

Statt *in cui / nel quale* etc. verwendet man

a) bei Zeitangaben häufig *che:*
   Era la sera **che** l'ho conosciuto. der Abend, an dem ich ihn kennenlernte
b) bei Ortsangaben häufig *dove,* gelegentlich auch *che:*
   Ecco la casa **dove** abito. das Haus, in dem ich wohne
   È qui **che** si danno informazioni? Ist das die Stelle, wo ...?

3. »che« als beziehungsloses Relativ

Che wird in einigen Wendungen ohne Bezug auf ein Substantiv gebraucht, z. B.

Non hanno **di che** vivere. Sie haben nichts, wovon sie leben könnten.
Tante grazie! – Non c'è **di che.** Vielen Dank! – Bitte, keine Ursache.

quello che – ciò che – colui che 109

1. **quello che** (vgl. § 99)

Quello che parla ora è mio padre.	Der(jenige), der gerade spricht ...
Questo libro non è **quello che** cerco.	... dasjenige, das ich suche.
È **quella** stessa **signora che** era venuta l'anno scorso.	... die(selbe) Dame, die ...
Ecco **tutti quelli che** ho potuto trovare.	... alle (diejenigen), die ...
Quel(lo) che mi dici è molto importante.	(Das,) was du mir da sagst, ...

2. **ciò che** (vgl. § 102)

Ciò che mi dici è molto importante.	(Das,) was du mir da sagst, ...
Ho ottenuto **tutto ciò che** volevo.	... alles (das), was ich wollte.

3. **colui che** (vgl. § 103)

Ho parlato con **colui che** mi sostituirà.	... mit demjenigen, der ...
Coloro che lo desiderano possono entrare.	Diejenigen, die ...

Beachte

a) Statt *colui che* wird meist *chi* verwendet, s. § 110.
b) Statt *tutto quello* / *tutto ciò* wird häufig *quanto* gebraucht, s. § 110.
c) Bei *quello che, ciò che, tutto quello che, colui che* kann das Demonstrativpronomen vor dem Relativpronomen *che* nicht wegfallen. Vergleiche das Deutsche:
Io posso fare **ciò che** voglio. — Ich kann (das) tun, was ich will.

»Chi« und »quanto« als Relativpronomen 110

1. **chi** steht für Personen.

Chi cerca trova.	Wer sucht, der findet.
C'è **chi** gli crede.	Es gibt Leute, die ihm glauben.
Non c'è **chi** gli creda.	... niemanden/keinen, der ihm glaubt,
Cerco **chi** mi possa aiutare.	... jemanden, der mir hilft.
Esco **con chi** mi pare.	Ich gehe aus, mit wem es mir paßt.
Bisogna rivolgersi **a chi** sa.	... an jemanden, der Bescheid weiß.
Per chi non ha comprato il biglietto non c'è posto.	Für diejenigen, die ...

2. **quanto** steht für *tutto ciò che* / *tutto quello che.*

Non spendere **quanto** hai.	Gib nicht alles aus, was du hast.
Ecco **quanto** ho potuto trovare.	Das ist alles, was ich finden konnte.

Relativsätze **111**

1. Notwendige und ausmalende Relativsätze

a) Notwendige Relativsätze sind zum Verständnis des Hauptsatzes unentbehrlich. Sie werden beim Sprechen ohne Pause an den Hauptsatz angeschlossen und beim Schreiben nicht durch Kommas abgetrennt:
Tra le varie cose **che abbiamo discusso**
c'era quel problema **di cui ti parlavo** l'altro giorno.

b) Ausmalende Relativsätze sind ein Zusatz, der auch weggelassen werden könnte, ohne daß sich der Sinn des Hauptsatzes ändert. Beim Sprechen werden sie durch eine Pause, beim Schreiben durch Kommas vom Hauptsatz abgetrennt:
La nave, **che era un grande transatlantico,** entrava lentamente nel porto.
La madre di Antonio, **la quale partirà domani,** non sta tanto bene.

2. Konstruktionen in der Bedeutung deutscher Relativsätze

vgl. § 38	È stato Paolo **a dirmelo.** Il primo **a venirle in aiuto** era lui.	Paolo war es, der es mir sagte. Der erste, der ihr zu Hilfe kam, . . .
vgl. § 39	Sono lettere **da spedirsi subito subito.**	. . . Briefe, die sofort abgeschickt werden müssen.
vgl. § 46	Mio marito dice di aver sempre due romanzi **dategli in prestito da Suo fratello.**	. . . zwei Romane, die ihm Ihr Bruder geliehen hat.

3. Wiedergabe einiger italienischer Relativsätze im Deutschen

vgl. § 36	Lo sento già **che sale le scale.** = Lo sento già salire le scale. Abbiamo visto la signora Piccolo **che usciva.**	Ich höre ihn schon die Treppe heraufkommen. Wir haben Frau Piccolo aus dem Haus gehen sehen.
vgl. § 43	C'erano dei bambini **che giocavano.** L'ho trovata nella sua stanza **che piangeva.**	. . . spielende Kinder. . . . weinend in ihrem Zimmer.
	Ecco **che viene!**	Da kommt er ja!

Die indefiniten Pronomen

(I pronomi e aggettivi indefiniti)

Die mit *-uno* zusammengesetzten Indefinitpronomen *nessuno, alcuno, ciascuno* verhalten sich vor Substantiven wie der unbestimmte Artikel *uno* (vgl. § 60):
ness**un** libro, ness**un** amico, ness**uno** specchio; ness**una** camera, ness**un'**amica

Unveränderlich sind *qualche, ogni, qualunque, qualsiasi, chiunque.*

Die positiven Indefinitpronomen »qualche – qualcuno – qualche cosa / qualcosa« 112

1. Se hai **qualche desiderio,** dimmelo. ... irgendeinen Wunsch / irgendwelche Wünsche ... **Qualche volta** il caldo mi dà fastidio. Manchmal ... Abbiamo passato **qualche giorno** negli USA. ... einige Tage ... Ho letto **qualche pagina.** ... einige Seiten ...	1. *qualche* + Singular = irgendein, mancher, einige, etliche
2. C'è **qualcuno?** Ist da jemand? È stata **qualcuna** di voi? ... (irgend)eine von euch?	2. *qualcuno, -a* = (irgend)jemand
3. Ha **qualcosa** da dichiarare? ... etwas zu verzollen? Hanno trovato **qualche cosa / qualcosa.**	3. *qualche cosa / qualcosa* = (irgend) etwas

Qualche und seine Zusammensetzungen werden nur im Singular gebraucht. Sie werden nie in Verbindung mit *non* und nie in Verbindung mit *senza* verwendet.
Vgl. *nessuno, niente / nulla* (§ 113) sowie *alcuno* (§ 114)

Beachte zu 3

a) *Qualche cosa / qualcosa* ist kein Femininum:
È success**o** qualcosa? Ist etwas passiert?

b) Adjektive werden an *qualche cosa / qualcosa* mit *di* angeschlossen:
qualcosa di bello etwas Schönes, qualcosa di buono etwas Gutes

Unterscheide

a) *qualche cosa / qualcosa* = (irgend) etwas:
Ho la sensazione di aver dimenticato **qualche cosa.**

b) *una cosa* = etwas (Bestimmtes):
Ho dimenticato **una cosa,** cioè di consegnare la lettera. ... etwas vergessen, nämlich ...
Ho da dirvi **una cosa importante.** Ich habe euch/Ihnen etwas Wichtiges zu sagen.
Vorrei domandare ancora **una cosa.** Ich möchte noch etwas fragen.

Die negativen Indefinitpronomen »nessuno – niente/nulla« 113

1. **Nessuno** mi ha visto. = **Non** mi ha visto **nessuno.** Non legge **nessun libro.**	Niemand hat mich gesehen. Es hat mich niemand gesehen. ... kein (einziges) Buch.	1. *nessuno, -a* = niemand, kein
2. **Niente** è accaduto. = **Non** è accaduto **niente.** **Non** capisco **niente/nulla.**	Nichts ist geschehen. Es ist nichts geschehen. Ich verstehe nichts.	2. *niente / nulla* = nichts

Stehen *nessuno, niente / nulla* nach dem Verb, so muß das Verb verneint werden (vgl. auch § 132).

Nessuno, -a wird nur im Singular gebraucht
a) substantivisch in der Bedeutung »niemand, keiner«:
Nessuno è senza difetti. Niemand/Keiner ist ohne Fehler.
b) adjektivisch in der Bedeutung »kein einziger, gar kein«:
Non ha **nessun amico.** Er hat keinen (einzigen) Freund.
Non ha **nessun talento.** Er hat (überhaupt) kein Talent.

Das deutsche »kein« wird gewöhnlich nur durch *non* vor dem Verb ausgedrückt:
Non ha amici. Er hat keine Freunde.
Non ha comprato carne. Er hat kein Fleisch gekauft.
Non abbiamo tempo. Wir haben keine Zeit.
Non è più una bambina. Sie ist kein Kind mehr.

Beachte
a) Die negativen Indefinitpronomen *nessuno, niente/nulla* stehen auch nach *non ... mai* nie und nach *senza* ohne. Vergleiche dagegen das Deutsche:
Non ci ha **mai** detto **niente.** Er hat uns nie etwas gesagt.
È partito **senza** dir **nulla** Er ist abgereist, ohne etwas zu sagen
e **senza** salutar **nessuno.** und ohne sich von jemandem zu verabschieden.
b) Adjektive werden an *niente / nulla* mit *di* angeschlossen: niente di nuovo nichts Neues

alcuno 114

a) **Alcuni** lo credono. Einige/Manche ... Ho letto **alcune pagine / qualche pagina.** ... einige Seiten	a) *alcuni, -e* = einige, manche
b) **Non** ne ho **alcun'idea / nessun'idea.** ... keine Ahnung. Mi ha offeso **senza alcuna ragione.** ... ohne jeden Grund.	b) *alcuno, -a* = irgendein

Alcuno wird gebraucht
a) meist nur im Plural (substantivisch und adjektivisch),
b) im Singular gewöhnlich nur adjektivisch und nur in Verbindung mit *non* bzw. *senza.*

tutto **115**

1. So **tutto.** Pensa a **tutto.** **Tutti** erano pronti.	Ich weiß alles. Er denkt an alles. Alle waren bereit.	1. *tutto* (alleinstehend) = alles *tutti, -e* = alle
2. *Anna* rimase **tutta sorpresa.** *I nonni* vivono **tutti soli.** Ha *le mani* **tutte sporche.**	ganz überrascht ganz allein ganz schmutzig	2. *tutto, -a, -i, -e* + Adjektiv = ganz
3. Conosce **tutto il mondo.** Ho perduto **tutta una giornata.** Non ha lavorato in **tutta la sua vita.** **Tutti i parenti** sono invitati. Portami **tutte quelle lettere.** Ho letto **tutte le sue opere.**	die ganze Welt einen ganzen Tag in seinem ganzen Leben alle Verwandten alle die Briefe alle seine Werke	3. *tutto, -a* + Singular mit Artikel/Pronomen = ganz *tutti, -e* + Plural mit Artikel/Pronomen = alle
4. Ecco **tutti e due** / tutt' e due. Ha letto **tutti e due i libri.** Sono carine **tutte e tre le sorelle** / tutt' e tre le sorelle.	alle beide beide Bücher alle drei Schwestern	4. *tutti e due, tutte e due* = alle beide *tutti e tre, tutte e tre* = alle drei

Beachte zu 1

a) Substantivisches *tutto* muß vor Relativsätzen ein Demonstrativpronomen als Stützwort zu sich nehmen (vgl. § 109):
Tutti quelli che hanno visto il film, ne sono rimasti entusiasti. Alle, die ...

b) *Tutto* kann durch *quanto* verstärkt werden:
Non posso mangiare **tutto quanto.** ... ganz und gar alles ...
Erano venuti **tutti quanti.** ... alle miteinander / vollzählig ...

Beachte zu 2

Vor einem Adjektiv entspricht *tutto* gewöhnlich dem deutschen Adverb »ganz«. *Tutto* richtet sich auch in diesem Fall in Geschlecht und Zahl nach dem Subjekt bzw. Objekt, auf das es sich bezieht: *Mia sorella* era **tutta felice.**

Beachte zu 3

Der bestimmte Artikel entfällt

a) wenn auf *tutto* ein Städte- oder Ländername folgt: tutta Roma ganz Rom, tutta Italia

b) in präpositionalen Wendungen wie

a tutta forza	mit aller Kraft	in tutta fretta	in aller Eile
a tutta velocità	mit voller Geschwindigkeit	di tutto cuore	von ganzem Herzen

Beachte zu 4

Statt *tutti e due, tutte e due* wird gelegentlich *ambedue* oder *entrambi, -e* verwendet:
Ambedue dicono lo stesso. / **Entrambi** dicono lo stesso. Beide sagen dasselbe.
Ambedue i fratelli / Entrambi i fratelli dicono lo stesso. Beide Brüder ...

ogni — ognuno — ciascuno 116

1. La vedo **ogni giorno.** ... jeden Tag. **Ogni cosa** ha il suo valore. Jedes Ding / Alles ...	1. *ogni* + Singular = jeder (ohne Ausnahme)
2. **Ognuno** voleva parlare. Jeder ... **Ognuno** di voi lo sa. Jeder von euch / Ihr alle ...	2. *ognuno, -a* (alleinstehend) = jeder (ohne Ausnahme)
3. Ecco una mela per **ciascuno.** ... für jeden. A **ciascun visitatore** fu offerto un ricordo. Jedem Besucher ...	3. *ciascuno, -a* = jeder (einzelne)

Beachte

a) *Ogni* + Plural hat distributiven Sinn:
ogni due case jedes zweite Haus, ogni dieci minuti alle zehn Minuten

b) Relativsätze können an *ognuno* und *ciascuno* (alleinstehend) nicht angeschlossen werden. Man verwendet in diesem Fall *tutti quelli* (vgl. § 109):
Tutti quelli che lo conoscono lo stimano. Alle, die ... / Jeder, der ihn kennt, ...

qualunque/qualsiasi — chiunque 117

1. Mi dia **un libro qualunque.** ... irgendein Buch. È disposto ad accettare **un lavoro qualsiasi / un lavoro qualunque.** ... jede (beliebige) Arbeit ... Per me **qualunque sera / qualsiasi sera** va bene.	1. *qualunqe / qualsiasi* + Singular = jeder beliebige, gleichgültig welcher
2. Domandiamo a **chiunque.** ... einen x-beliebigen. Puoi chiedere a **chiunque:** nessuno ti darà ragione. ... jeden fragen / fragen, wen du willst ... Darò da mangiare a **chiunque** verrà. ... jedem, der kommt ...	2. *chiunque* (alleinstehend) = jeder beliebige, gleichgültig welcher

Chiunque wer auch immer, *qualunque / qualsiasi* was/welcher auch immer + Konjunktiv s. S. 39.

Vergleiche

Puoi venire **qualunque giorno.** (= lunedì **o** martedì **o** mercoledì, etc.)
Puoi venire **ogni giorno.** (= lunedì **e** martedì **e** mercoledì, etc.)

certo — certuni 118

1. È arrivato **un certo signor Neri** ... ein gewisser Herr N. **Certe cose** non si fanno. Gewisse Dinge ...	1. *certo* + Substantiv = ein gewisser
2. **Certi/Certuni** hanno un altro parere. Gewisse Leute/Manche/Einige ...	2. *certi / certuni, -e* (alleinstehend) = gewisse Leute

uno — altro 119

1. In tal caso **uno** non sa che cosa fare. = In tal caso non **si sa** che cosa fare.	1. *uno, -a* = einer, man (vgl. § 19) *gli uni, le une* = die einen
2. **Gli uni** dicono di sì, **gli altri** di no. Die einen ..., die anderen ... Adesso parliamo d'**altro.** ... von etwas anderem. Questa è **un'altra cosa.** ... eine andere Sache / etwas anderes.	2. *altro, -a, -i, -e* = anderer

Beachte zu 2

a) *Altro* heißt oft »noch etwas, noch ein«:
Desidera **altro,** signora? Wünschen Sie noch etwas?
Resterà **altri tre mesi.** Er bleibt noch (weitere) drei Monate.

b) Die selten gebrauchte Form *altrui* steht für *degli altri* und *agli altri:*
il bene **altrui** das Wohl anderer, nuocere **altrui** anderen schaden

Wendungen

tra l'altro	unter anderem	l'altro giorno	neulich
senz'altro	ohne weiteres	l'altro ieri	vorgestern
tutt'altro	im Gegenteil	l'un dopo l'altro	der Reihe nach

poco — molto — tanto — troppo — parecchio 120

1. **Pochi** erano venuti. Ha **poca pazienza.** Dammi **un po' di** pane.	1. *poco, -a; pochi, -e* = wenig *un po' (di)* = ein wenig, ein bißchen
2. Oggi ho **molto** da fare. Ci vuole **molta pazienza.**	2. *molto, -a; molti, -e* = viel
3. Ha fatto **tanto** per Lei. Abbiamo **tanti pensieri.**	3. *tanto, -a; tanti, -e* = soviel
4. Siamo **troppi** in questa stanza. C'era **troppa gente.**	4. *troppo, -a; troppi, -e* = zuviel
5. Ho imparato **parecchio.** Mi sono fermato **parecchi giorni.**	5. *parecchio, -a; parecchi, -e* = ziemlich viel; etliche, mehrere

Poco, molto, tanto, troppo, parecchio als Adverbien s. § 76, 3.
Steigerungsformen von *poco* und *molto* s. § 75.

Beachte zu 3

Tanto steht oft für *molto:* Tante grazie! Vielen Dank! Tante belle cose! Alles Gute!

Präpositionen (Preposizioni)

Einige Präpositionen in ihrer Grundbedeutung 121

a) Präpositionen, die einen Ort oder eine Richtung bezeichnen

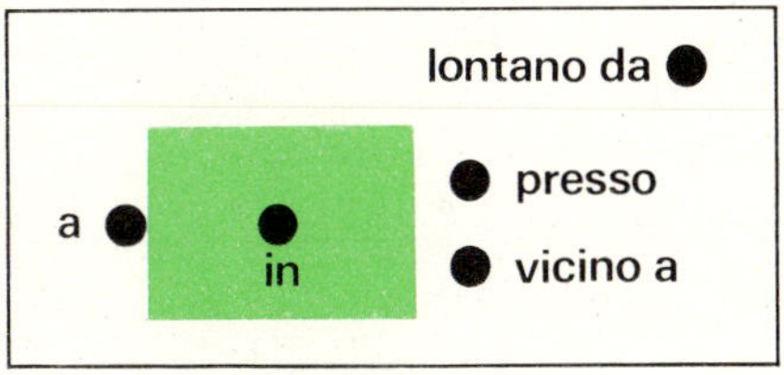

a	an
in	in
presso (a)	(nahe) bei
vicino a	nahe bei
lontano da	fern (von)

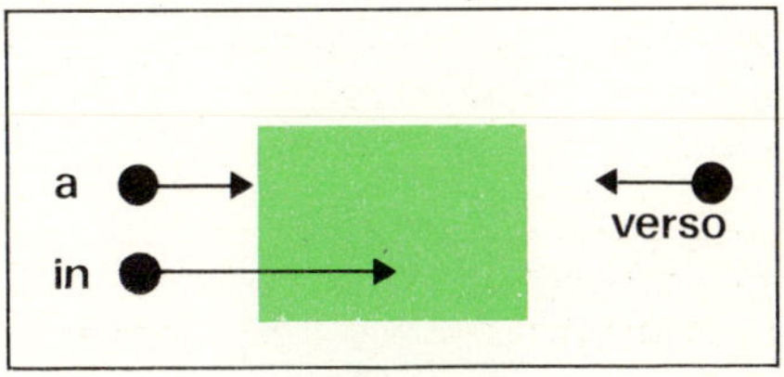

a	zu ... hin
fino a	bis zu ... hin
in	in, in ... hinein
verso	auf ... zu, gegen

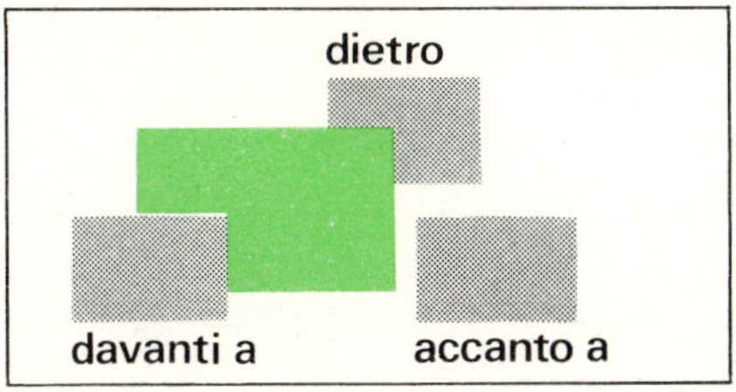

dietro	hinter
davanti a, dinanzi a	vor, gegenüber
accanto a	neben

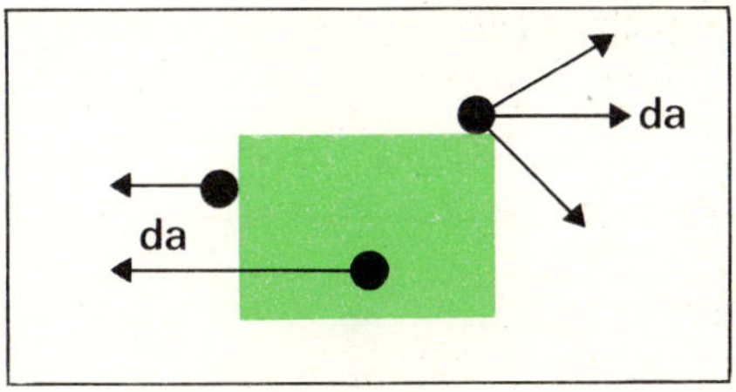

da: von ... her, von ... weg, von ... herunter, aus ... heraus

dirimpetto a, di fronte a, in faccia a: gegenüber, vor

da + Person(en): zu, bei, von

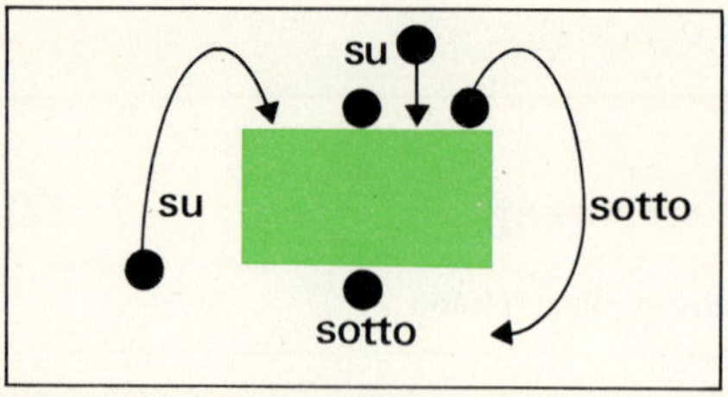

su auf
sotto unter

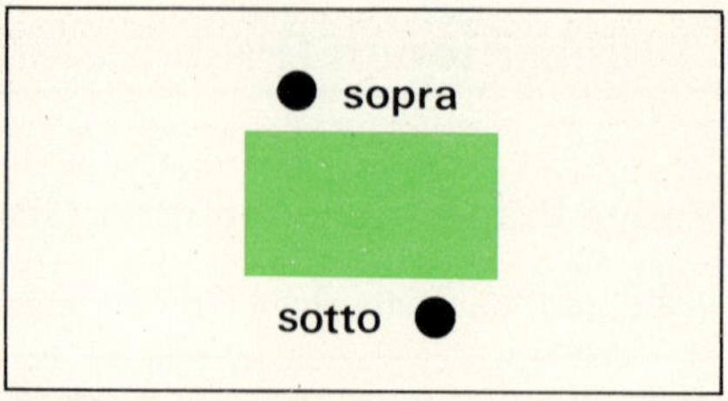

(al di) sopra (di) über, oberhalb
(al di) sotto (di) unter, unterhalb

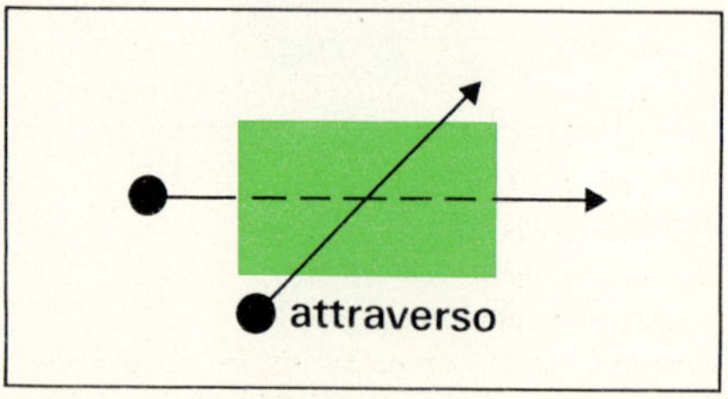

attraverso { durch ... hindurch
(quer) durch, (quer) über

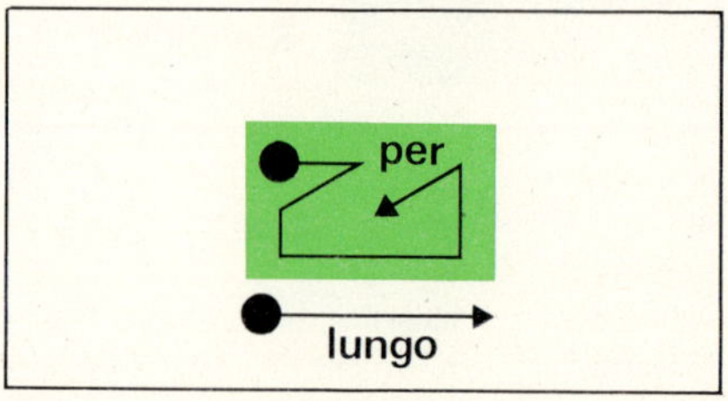

per durch; in ... umher
lungo entlang

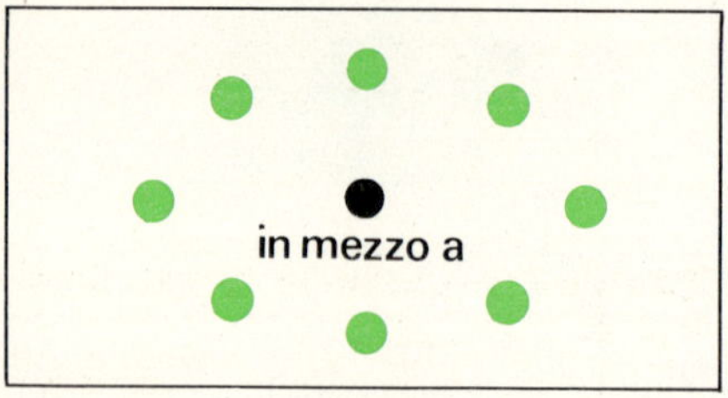

in mezzo a mitten in

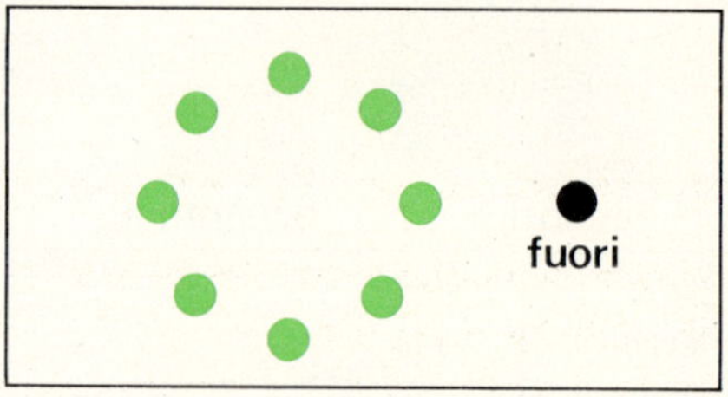

(al di) fuori (di) außer(halb)

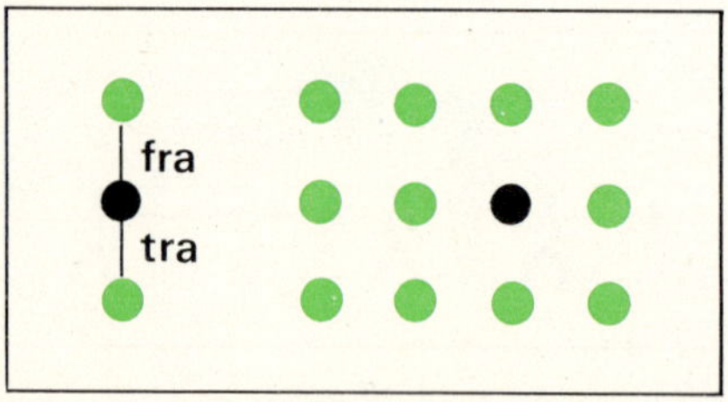

fra { zwischen (zweien),
tra unter (mehreren)

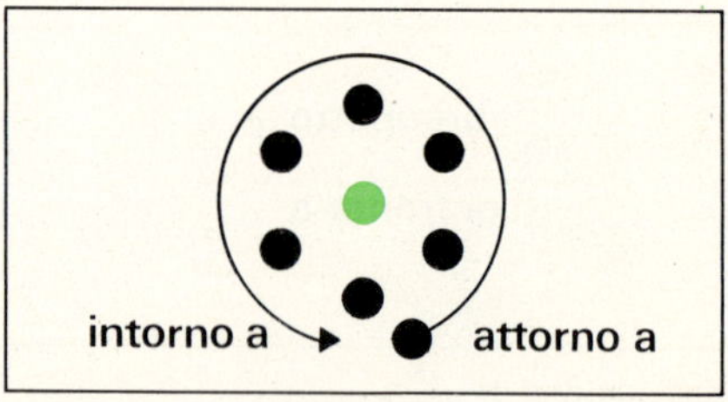

intorno a { (rings) um,
attorno a um ... herum

b) Präpositionen, die eine Zeit bezeichnen (vgl. auch §§ 83–84)

fra le undici e mezzogiorno
zwischen elf und zwölf Uhr

fino alle dieci
bis zehn Uhr

dopo le nove
nach neun Uhr

prima delle nove
vor neun Uhr

all'una um ein Uhr

a partire dalle due
= **dalle** due in poi
ab zwei Uhr

dalle sette **alle** otto
von sieben bis acht Uhr

da due ore
seit zwei Stunden

(per) due ore
zwei Stunden lang

il 25 dicembre	am 25. Dezember
in dicembre	im Dezember
nel 1975	(im Jahre) 1975
a Natale	an Weihnachten

Der Gebrauch von Präpositionen 122

Mit dem bestimmten Artikel verschmelzen die Präpositionen *a, da, di, in, su,* gelegentlich auch *con* (vgl. § 61): dal medico, nella stanza, sul tetto.

Folgt auf eine Präposition ein Personalpronomen, so steht die betonte Form (vgl. § 86): di te, da lui
Personalpronomen und Relativpronomen, werden an die Präpositionen *contro, dentro, fuori, presso, senza, sopra, sotto, verso,* meist auch an *fra/tra,* mit *di* angeschlossen: dopo di lei

Bezieht sich eine Präposition auf mehrere Substantive, so wird sie gewöhnlich wiederholt. Vergleiche dagegen das Deutsche:

C'erano delle macchie **nei** libri e **nei** quaderni.	In den Büchern und Heften ...
Sui monti e **sulle** colline l'aria è più fresca.	Auf den Bergen und Hügeln ...

Viele Adverbien werden auch als Präpositionen gebraucht, z. B.

È andato **sù.**	hinauf	È andato **sul** monte.	auf den Berg
È seduto **davanti.**	vorne	È seduto **davanti a** me.	vor mir
Dovevi dirlo **prima.**	vorher	Venga **prima delle** due.	vor zwei Uhr

a

123

Vor einem mit Vokal beginnenden Wort steht meist *ad:* a/ad un tratto

Dov'è? / Dove va?	Wo ...?	Wohin ... ?	örtlich
a casa	zu Hause	nach Hause	
a Roma	in Rom	nach Rom	
alla spiaggia	am Strand	zum Strand	
all'estero	im Ausland	ins Ausland	
alla stazione	am Bahnhof	zum Bahnhof	
al mercato	auf dem Markt	auf den Markt	
al primo piano	im ersten Stock	in den ersten Stock	
ad una festa	bei einem Fest	auf ein Fest	
Si sta bene **al** sole / **all'**aperto.		in der Sonne / im Freien	
È ferito **al** braccio / **alla** gamba.		am Arm / am Bein	
Lo troverai **a** pagina otto.		auf Seite acht	
Deve girare **a** destra / **a** sinistra.		(nach) rechts/links	
Lancia il disco **a** sessanta metri.		60 Meter weit	
Si trova **a** 2 km dalla costa.		2 km entfernt	

Unterscheide

Stadt:	**a**	Milano	in Mailand	nach Mailand
kleine Insel:	**a**	Ischia	auf Ischia	nach Ischia
Land:	**in**	Italia	in Italien	nach Italien
große Insel:	**in**	Corsica	auf Korsika	nach Korsika
Person:	**da**	Paolo	bei Paolo	zu Paolo
	dal	medico	beim Arzt	zum Arzt

Beachte

partire **per** Roma / **per** l'Italia nach Rom / nach Italien
l'autostrada **per** Firenze nach Florenz

Quando parte?		zeitlich
alle due	um zwei Uhr	
a mezzanotte	um Mitternacht	
al tuo ritorno	bei/nach deiner Rückkehr	
Pagherò **ai** primi di maggio.	Anfang Mai	
Bisogna rimandarlo **a** domani.	bis auf morgen verschieben	
A presto! Arrivederci!	Bis bald! Auf Wiedersehen!	
Lavoro dalle otto **alle cinque.**	von acht bis fünf Uhr	
Si è sposata **a** vent'anni.	mit zwanzig Jahren	

Deve giungere **a** una conclusione.	zu einer Entscheidung kommen	übertragen
Ha vinto **al** totocalcio.	im Toto gewonnen	
Siamo **al** verde.	Wir haben kein Geld mehr.	
Penso **a** mia madre.	an meine Mutter	
Bevo **alla** Sua salute.	auf Ihr Wohl	
Non è adatto **a** quel lavoro.	geeignet für diese Arbeit	
È sensibile **al** freddo.	empfindlich gegen Kälte	
Lo vende **a** mille lire il chilo.	zum Preis von	
Filava **a** 100 km all'ora.	mit 100 Stundenkilometern	

Verben mit »a« s. §§ 48–49
Infinitiv mit »a« s. § 38
Mit »a« zusammengesetzte Präpositionen s. § 129

Die Präposition *a* wird außerdem gebraucht

Costa mille lire **al** chilo.	tausend Lire je Kilo	in der Bedeutung »je, pro«
Andava a 100 km **all'**ora.	100 km/h	
Sono pagati **a** ore.	stundenweise bezahlt	
Entrarono **a** due **a** due.	(jeweils) zu zweit	
Accorsero **a** centinaia.	zu Hunderten	
delle scarpe **a** tacco alto	Schuhe mit hohem Absatz	zur Angabe eines Merkmals bei Sachen (vgl. dagegen § 124)
un vestito **a** righe	gestreiftes Kleid	
una pellicola **a** colori	Farbfilm	
una camera **a** due letti	Zweibettzimmer	
una barca **a** vela / **a** remi	Segelboot/Ruderboot	
risotto **alla** milanese	nach Mailänder Art	zur Angabe der Art und Weise oder des Mittels
vestire **all'**ultima moda	nach der neuesten Mode	
parlare **a** quattr'occhi	unter vier Augen	
parlare **a** voce alta	laut sprechen	
partire **all'**improvviso	plötzlich, unerwartet	
vendere **a** buon prezzo	billig verkaufen	
andare **a** piedi	zu Fuß gehen	
andare **a** cavallo	reiten	
scrivere **a** macchina	maschineschreiben	
chiudere **a** chiave	abschließen	
cucito **a** mano	handgenäht	
giocare **al** tennis	Tennis spielen	

Unterscheide

una tazza **a** fiorellini	Tasse mit Blümchenmuster
una tazza **da** caffè	Kaffeetasse (Zweck, Bestimmung)
una tazza **di** caffè	eine Tasse Kaffee (Mengenangabe)
una tazza **di** porcellana	eine Porzellantasse (Material)

da

124

È tornato **dall'**ufficio.	vom Büro	örtlich
Quando sei partita **da** Milano?	von/aus Mailand	
È caduto **dal** tetto / **dalla** finestra.	vom Dach / aus dem Fenster	»von, aus«
Abito a 12 km **dalla** città.	12 km von der Stadt entfernt	+ Sache/Person
Vengo **dai** miei genitori.	von meinen Eltern (her)	
Abito **dai** miei genitori.	bei meinen Eltern	in der Bedeutung
Passo **da** Lei venerdì.	bei/zu Ihnen	»bei, zu«
Devo andare **dal** medico.	zum Arzt	nur bei Personen
Ti aspetto **da** ieri / **da** due ore.	seit gestern / seit 2 Stunden	zeitlich
A partire **dal** 5 dicembre avremo un nuovo programma.	ab 5. Dezember	
È in ferie **dal** 10 al 31 luglio.	von ... bis ...	
Lo so **da** mia sorella.	von meiner Schwester	übertragen
È diverso **da** tutti gli altri.	verschieden von	
Non si deve giudicare **dall'**apparenza.	nach dem Schein urteilen	

Unterscheide

Viene **da Berlino.** Er kommt (gerade) aus Berlin.
È **di** Berlino. Er ist von Berlin/Berliner.

Verben mit »da« s. § 49 — **Infinitiv mit »da«** s. § 39 — **»da« beim Passiv** s. § 13

Die Präposition *da* wird außerdem gebraucht zur Angabe von

tremare **dal** freddo	vor Kälte	Ursache
piangere **dalla** gioia	vor Freude	
un biglietto **da** 1000 lire	Tausendlireschein	Wert
un francobollo **da** 100 lire	zu 100 Lire	
una macchina **da** scrivere	Schreibmaschine	Zweck, Bestimmung
una sala **da** pranzo	Eßzimmer	
una borsa **da** viaggio	Reisetasche	
la ragazza **dagli** occhi azzurri	mit den blauen Augen	Merkmal bei Personen
il signore **dai** capelli neri	mit den schwarzen Haaren	
Te lo dico **da** amico.	als Freund	in der Bedeutung »als, wie ein«
Mi tratti sempre **da** bambina.	wie ein kleines Mädchen	

Wendungen

Lo faccio **da solo, -a.** Ich mache es allein.
Ci vado **da me.** Ich gehe von selbst hin.

di 125

Der Präposition *di* + Substantiv kann im Deutschen entsprechen

i musei **di** Roma il padre **di** Paolo la casa **dei** Neri i professori **dell'**università	die Museen von Rom Paolos Vater das Haus der Familie Neri die Professoren der Universität	der Genitiv
i professori **d'**università degli uomini **d'**affari lo spettacolo **della** domenica un biglietto **di** ritorno	die Universitätsprofessoren Geschäftsleute die Sonntagsvorstellung eine Rückfahrkarte	der erste Teil eines zusammengesetzten Substantivs (vgl. auch S. 121, 122)
un uomo **di** genio un ragazzo **di** dieci anni	ein genialer Mann ein zehnjähriger Junge	ein Adjektiv

Beachte

1. l'isola **d'**Elba — die Insel Elba — il mese **d'**agosto — der Monat August
   la città **di** Milano — die Stadt Mailand — qualcosa **di** bello — etwas Schönes
2. *Essere di* = gehören: **Di chi è** questa borsa? — **È di** Maria.

Die Präposition *di* wird unter anderem gebraucht

un ponte **di** legno un orologio **d'**oro un vestito **di** lana	eine Holzbrücke eine goldene Uhr ein Wollkleid	zur Angabe des Materials
un chilo **di** patate una tazza **di** latte	ein Kilo Kartoffeln eine Tasse Milch	bei Mengenangaben (vgl. auch § 82)

Teilungsartikel s. § 66 — **Verben mit »di«** s. § 49 — **Infinitiv mit »di«** s. § 37
»di« beim Vergleich s. § 71

Wendungen mit »di«

pieno di	voll von	perdere di vista	aus den Augen verlieren
fiero di	stolz auf	essere di moda	Mode sein
contento di	zufrieden mit	star bene di salute	gesundheitlich auf der Höhe sein
responsabile di	verantwortlich für	darsi del tu	sich duzen
innamorato di	verliebt in	dire di sì / di no	ja/nein sagen
vivere di	leben von	maggiore di due anni	um zwei Jahre älter
soffrire di	leiden an	di giorno / di notte	tags(über) / nachts
aver paura di	Angst haben vor	d'estate / d'inverno	im Sommer / im Winter
sapere di	schmecken nach	di nascosto	heimlich
ornare di	schmücken mit	di rado	selten

in 126

Dov'è? / Dove va?	Wo ...?	Wohin ...?	örtlich
in Francia	in Frankreich	nach Frankreich	
in città	in der Stadt	in die Stadt	
in campagna	auf dem Land	auf das Land	
in montagna	im Gebirge	ins Gebirge	
in casa	im Haus	ins Haus	
in/nella strada	auf der Straße	auf die Straße	
nei pressi di Siena	in der Umgebung	in die Umgebung	
nell'armadio	im Schrank	in den Schrank	
Nel 1939 scoppiò la guerra.		im Jahre 1939	zeitlich
È partito **in** primavera / **in** maggio.		im Frühling / im Mai	
Verrò domani **nel** pomeriggio.		am Nachmittag	
Finirò il lavoro **in** tre settimane.		in drei Wochen	
Ha imparato il francese **in** un anno.		in einem Jahr	
I documenti sono **in** regola.		in Ordnung	übertragen
È bravo **in** matematica.		in Mathematik	
Come si dice ... **in** italiano?		auf italienisch	
Non ho fiducia **in** lui.		Vertrauen zu	
In che modo l'hai fatto?		auf welche Weise?	
Nell'uscire l'incontrai.		beim Hinausgehen	

Unterscheide

Farò questo lavoro **in/entro** tre giorni.	in drei Tagen (= innerhalb von 3 Tagen)
Farò questo lavoro **fra/tra** tre giorni.	in drei Tagen (= nach Ablauf von 3 Tagen)

Wendungen mit »in«

in alto mare	auf hoher See	andare in macchina	Auto fahren
in capo a / in testa a	an der Spitze von	andare in bicicletta	radfahren
		(Aber: andare a piedi	zu Fuß gehen)
in cerca di	auf der Suche nach	essere in piedi	stehen
in fretta	in Eile	essere in vita	am Leben sein
in poche parole	in wenigen Worten	essere in due/in sei	zu zweit/sechst sein
in tempo	rechtzeitig	essere in partenza	zur Abfahrt bereit sein
in parte	teilweise	essere in ritardo	Verspätung haben
in onore di	zu Ehren von	mettere in tasca	in die Tasche stecken
in viaggio	auf Reisen	mettere in tavola	auf den Tisch stellen
in gamba	tüchtig / auf Draht	venire in aiuto	zu Hilfe kommen
in buona salute	bei guter Gesundheit	ricevere in premio	als Preis erhalten
in quale occasione?	bei welcher Gelegenheit?	prendere qn in giro	sich über jdn lustig machen

per 127

È scappato **per** la porta di dietro. Abbiamo passeggiato **per** la città. Andava su e giù **per** la stanza. È passato **per** Pisa / **per** il ponte. Sono partiti **per** Roma / **per** l'Italia. Quanto costa un telegramma **per** Milano?	durch die Hintertür durch die Stadt im Zimmer auf und ab über Pisa / über die Brücke nach Rom / Italien abgereist Telegramm nach Mailand	örtlich
È stato in ospedale **(per)** lungo tempo. Ha piovuto **(per)** tre ore di seguito.	(für) lange Zeit zwei Stunden (lang)	zeitlich
Ecco una lettera **per** te. Avrà un libro **per** il suo compleanno. **Per** antipasto abbiamo il prosciutto. Capri è famosa **per** le sue bellezze. Non posso venire **per** molte ragioni.	für dich zum Geburtstag als Vorspeise berühmt wegen aus vielen Gründen	

Infinitiv mit »per« s. § 40

Wendungen mit »per«

per esempio	zum Beispiel	il due per cento	zwei Prozent
per favore	bitte	per terra	auf dem/zu Boden
per fortuna	zum Glück	per le scale	auf der Treppe
per sbaglio	aus Versehen	per monti e per valli	über Berg und Tal
per un pelo	um ein Haar	per posta aerea	mit Luftpost
tre per tre	drei mal drei	mandare per qn	nach jdm schicken

su 128

Facciamo colazione **sul** balcone. Siamo saliti **sul** campanile. C'è un ponte **sul** fiume? Quali sono le città **sull'**Arno?	auf dem Balkon auf den Kirchturm über den Fluß am Arno	örtlich
Suppongo che viene **sulla** sera. È un giovanotto **sui** vent'anni.	gegen Abend von etwa zwanzig Jahren	zeitlich
Possiamo contare **su** di lui? Discuteremo **sui** vari problemi.	auf ihn zählen über verschiedene Probleme	übertragen

Wendungen mit »su«

sul treno	im / in den Zug	sul momento	im Augenblick
sulla neve	im Schnee	sul far del giorno	bei Tagesanbruch
sul giornale	in der Zeitung	cogliere sul fatto	in flagranti erwischen
sul serio	im Ernst	prendere sulla parola	beim Wort nehmen

Zusammenstellung von Präpositionen 129

a	vgl. § 123	
accanto a	L'albergo è **accanto alla** posta. Era seduto **accanto al** fuoco.	neben der Post neben dem / am Feuer
a causa di	Non verrò **a causa della** nebbia. (vgl. auch *per,* § 127)	wegen des Nebels
a favore di	Rinunciò **a favore del** figlio.	zugunsten seines Sohnes
a partire da	Puoi telefonarmi **a partire dalle** tre (= dalle tre in poi). (vgl. dagegen *fino da*)	ab drei Uhr
a seconda di	Mi regolerò **a seconda dei** casi (= secondo i casi).	je nach den Umständen den Umständen entsprechend
al di là di	Si trova **al di là del** Tevere. (= oltre il Tevere).	jenseits des Tibers
al di qua di	Si trova **al di qua** del Tevere.	diesseits des Tibers
al di sopra di	È **al di sopra di** queste cose. (vgl. auch *sopra*)	über/oberhalb von
al di sotto di	Si trova **al di sotto della** cima. (vgl. auch *sotto*)	unter dem Gipfel / unterhalb des Gipfels
assieme a	Verrà **assieme al** padre. (vgl. auch *con, insieme con*)	(zusammen) mit dem Vater
attorno a	Ha un fazzoletto **attorno al** collo. La terra gira **attorno al** sole. (vgl. auch *intorno a*)	um den Hals (herum) um die Sonne (herum)
attraverso	La luce penetrava **attraverso** le imposte. È andato **attraverso** i campi.	durch die Fensterläden (hindurch) (quer) über
con	Lava questo vestito **con** acqua e sapone. Stasera usciamo **con** degli amici. Questo lavoro non è fatto **con** cura. Dormo sempre **con** le finestre aperte. **Con** questa pioggia è meglio non uscire. **Con** mia sorpresa è partito. È stato molto gentile **con** me. È infelice **con** tutte le sue ricchezze.	mit Wasser und Seife mit Freunden mit Sorgfalt bei offenem Fenster bei diesem Regen zu meiner Überraschung freundlich zu mir trotz seines Reichtums

contro	Voteremo **contro** la proposta. Non abbiamo nulla **contro di** lui. Devi proteggerla **contro di** loro. Poggiò il bastone **contro** il muro.	gegen den Vorschlag stimmen nichts gegen ihn beschützen vor ihnen gegen/an die Mauer
da	vgl. § 124	
davanti a	Si fermò **davanti alla** casa. Fuggì **davanti ai** carabinieri. Hai tutta la vita **davanti a** te. (vgl. auch *dinanzi a*)	vor dem Haus vor den Polizisten (her) Du hast das ganze Leben noch vor dir.
dentro (a)	I biscotti sono **dentro** la scatola. Rimarrò **dentro** il cortile. (vgl. auch *in*, § 126)	in der Schachtel (drin) innerhalb des Hofes
di	vgl. § 125	
di fronte a	Si fermò **di fronte alla** casa. (vgl. auch *davanti a, dirimpetto a*) Questo è niente **di fronte a** quello che accadde poi.	gegenüber/vor dem Haus nichts gegenüber dem / im Ver- gleich zu dem, was dann geschah
dietro	Si era nascosto **dietro** la tenda. Camminava **dietro di** noi. Uscimmo l'uno **dietro** l'altro. (vgl. auch *dopo*)	hinter dem Vorhang hinter uns einer nach dem anderen
dinanzi a	Si trova **dinanzi all'** ingresso.	vor dem Eingang
dirimpetto a	La scuola sta **dirimpetto alla** chiesa. Paolo era seduto **dirimpetto a** me. (vgl. auch *di fronte a, davanti a*)	gegenüber der Kirche mir gegenüber
dopo	È tornato **dopo** le nove. **Dopo di** me il diluvio! Sono entrati l'uno **dopo** l'altro. **Dopo**/Dietro la posta voltate a destra.	nach neun Uhr Nach mir die Sintflut! einer nach dem anderen nach/hinter der Post
durante	**Durante** la guerra stava in Svizzera. **Durante** il giorno il caldo è molto forte.	während des Krieges / im Krieg tagsüber
entro	Sarò di ritorno **entro** un'ora. Fu costretto a partire **entro** due giorni. (vgl. auch *fra, tra, in*)	in(nerhalb) einer Stunde innerhalb von / binnen zwei Tagen
(fa)	vgl. *prima di*	

fino (a, da) = sino	È andato **fino al** ponte. La notizia è giunta **fino a** noi. Sono rimasti **fino alle** otto. Puoi dormire **fino a** tardi. È malaticcio **fin dalla** nascita. Sta in ospedale **fin da** ieri.	bis zur Brücke bis zu uns bis acht Uhr bis spät/lange schlafen von Geburt an seit gestern
fra = tra	Il villaggio si trova **fra** due monti. Siamo **fra/tra** amici. Non c'è nessuno **fra di** noi che lo sappia fare. Parte **fra/tra** due minuti. Ti telefonerò **fra** un'ora.	zwischen zwei Bergen unter Freunden unter uns in zwei Minuten (= nach Ablauf von) in einer Stunde
fuorchè	Tutti erano presenti **fuorchè** lui. (vgl. auch *salvo, tranne, meno*)	mit Ausnahme von ihm / außer ihm
fuori	Abitano **fuori** città. Carla è **fuori di** sè. Quei vestiti sono **fuori** moda.	außerhalb der Stadt ist außer sich aus der Mode / altmodisch
grazie a	Ottenne il posto **grazie alle** sue raccomandazioni.	dank seiner Empfehlungen
in	vgl. § 126	
in luogo di	**In luogo di** quel libro prenda questo.	anstelle von / statt
in mezzo a	Si fermò **in mezzo alla** piazza. Si nascose **in mezzo alla** folla.	mitten auf dem Platz (mitten) in der Menge
in seguito a	Si è rotto una gamba **in seguito a** una caduta.	infolge eines Sturzes
incontro a	Il bimbo corse **incontro alla** madre. (vgl. auch *verso*)	der Mutter entgegen / auf die Mutter zu
insieme con insieme a	È uscito **insieme con** la madre. È uscito **insieme alla** madre.	(zusammen) mit der Mutter
intorno a	**Intorno alla** città ci sono le mura. La terra gira **intorno al** sole. (vgl. auch *attorno a*) Morì **intorno al** 1900.	(rings) um die Stadt um die Sonne (ungefähr) um 1900

invece di	**Invece di** Maria è venuto Paolo. (vgl. auch *in luogo di*)	statt Maria
lontano da	Morì **lontano dalla** patria. **Lontan dagli** occhi, **lontan dal** cuore.	fern der Heimat Aus den Augen, aus dem Sinn.
lungo	Camminava **lungo** la riva.	das Ufer entlang
malgrado	Ha voluto uscire **malgrado** il cattivo tempo. (vgl. auch *nonostante*)	trotz des schlechten Wetters
meno	Prendo tutti i libri **meno** due. (vgl. auch *fuorchè, salvo, tranne*)	außer / mit Ausnahme von zweien
nonostante	Ha voluto uscire **nonostante** il cattivo tempo.	trotz / ungeachtet des schlechten Wetters
oltre (a)	**Oltre** il Tevere c'è una città (= al di là del Tevere). Ho aspettato **oltre** due ore. **Oltre a** ciò non ho niente. **Oltre** Enrico è venuto anche suo padre. **Oltre a** essere bella è anche intelligente.	jenseits des Tibers über zwei Stunden darüber hinaus / außer dem außer Enrico (hinzufügend) nicht nur schön, sondern auch intelligent
per	vgl. § 127	
per mezzo di	L'ho mandato **per mezzo della** posta. Ottenne il posto **per mezzo del** padre.	mit der Post durch seinen Vater
presso	È un paese **presso** (di) Firenze. Abita **presso** (al)la stazione. Ha vissuto **presso di** noi. Lavora **presso** un avvocato.	in der Nähe von Florenz beim Bahnhof bei uns bei einem Rechtsanwalt
prima di	L'ho visto **prima di** Natale. L'ha saputo **prima di** me. È arrivato **prima delle** due. *Aber:* L'ho visto due anni **fa.** Siamo tornati poco **fa.**	vor Weihnachten } Zeitpunkt vor mir gewußt } vor zwei Uhr } vor zwei Jahren } Zeitraum vor kurzem }
quanto a riguardo a rispetto a	**Quanto a** me, io non lo so. **Riguardo/Rispetto alla** sua proposta, siamo spiacenti di doverla rifiutare. **Rispetto a** lui sono povero.	was mich betrifft was ... betrifft / in bezug auf ... im Vergleich zu ihm

salvo	Nessuno poteva farlo, **salvo** lei. (vgl. auch *fuorchè, tranne*)	außer ihr
secondo	**Secondo** lui / **Secondo** la sua opinione l'accusato è colpevole. **Secondo** le ultime notizie sarebbe partito.	seiner Ansicht nach nach den letzten Meldungen
senza	È una giacca **senza** maniche. Non riesco a divertirmi **senza di** te. Mi ha offeso **senza** alcuna ragione.	ohne Ärmel ohne dich ohne irgendeinen Grund
sino	vgl. *fino*	
sopra	Sono sei gradi **sopra** zero. L'aereo volava **sopra** la città. Ha la casa **sopra** il negozio. Abita **sopra di** loro. Ha fatto debiti **sopra** debiti.	sechs Grad über Null über der/die Stadt Er wohnt über dem Laden. Er wohnt über ihnen. Schulden über Schulden
sotto	Sono sei gradi **sotto** zero. È caduto **sotto** la tavola. Abitano **sotto di** noi. Non l'ho visto **sotto** questo aspetto. Marciavano **sotto** la pioggia. **Sotto** le vacanze c'è molto traffico.	sechs Grad unter Null unter den Tisch unter uns unter diesem Gesichtspunkt im Regen in der Ferienzeit
su	vgl. § 128	
tra	vgl. *fra*	
tranne	Ho letto tutto il libro **tranne** l'ultimo capitolo. (vgl. auch *fuorchè, salvo*)	außer dem letzten Kapitel / bis auf das letzte Kapitel
verso	È andato **verso** nord. Sono scortesi **verso di** me. Vengo a casa tua **verso** le otto.	in Richtung Norden / nach Norden unhöflich zu mir gegen acht Uhr
vicino a	Abito **vicino a** Piazza Navona. Si trova **vicino al** fallimento. (vgl. auch *presso*)	in der Nähe der Piazza Navona nahe am Bankrott

Konjunktionen (Congiunzioni)

Konjunktionen dienen dazu, Sätze oder Satzglieder zu verbinden.
1. Nebenordnende Konjunktionen verbinden gleichartige Satzglieder oder Sätze.
2. Unterordnende Konjunktionen leiten Nebensätze ein.

Nebenordnende Konjunktionen 130

a) Ho comprato pere, mele **e** fichi. È cessata la pioggia **ed** è ritornato il sole. Faceva freddo, **inoltre** pioveva.	a) e *(vor Vokal meist:* ed*)* und inoltre/per di più außerdem
b) La sera lavoro **o** leggo. La sera lavoro **oppure** leggo. La sera **o** lavoro **o** leggo.	b) o oder oppure/ovvero oder auch o ... o entweder ... oder
c) **Non** mi scrive **nè** mi telefona. **Non** sono venuti **nè** Paolo **nè** Pietro. = **Nè** Paolo **nè** Pietro sono venuti.	c) non ... nè und (auch) nicht nè ... nè weder ... noch (vgl. auch § 132)
d) L'ha detto lui, **ma** io non ci credo. Beve non solo a casa **ma** anche fuori.	d) ma aber, sondern
e) Non sto tanto bene, **tuttavia** verrò. C'è il sole, **però** fa freddo. Non voleva fermarsi, **eppure** è rimasto a lungo.	e) tuttavia trotzdem però, eppure } und doch, dennoch
f) Hai ordinato, quindi **devi** pagare. Ho già detto di no, **dunque** non insistere. Pioveva, **perciò** sono rimasto a casa.	f) quindi, dunque } also, folglich perciò deshalb
g) **Come** tratti, **così** sarai trattato. Mario è **così** gentile **come** Paolo è scortese. Anna è **tanto** intelligente **quanto** bella.	g) come ... così wie ... so così ... come, tanto ... quanto } (eben) so ... wie

Unterordnende Konjunktionen 131

1. Konjunktionen, die gewöhnlich den Indikativ nach sich führen

a) **Quando** sarai pronto, partiremo. **Da quando / Dacchè** lui è qui, tutto va bene. **Dopo che** ebbe detto ciò se ne andò. (vgl. § 23) **Mentre** guardavo la TV, Gina leggeva.	a) quando wenn, als da quando / dacchè seitdem dopo che nachdem mentre während
b) **Siccome/Giacchè** insisti, parlerò. **Poichè** sono malato, non posso venire. **Dato che / Visto che** non è possibile, rinuncio.	b) siccome/giacchè, poichè, dato che / visto che } da
c) È **così** debole **che** non si regge più sulle gambe. Arriveremo in tempo **cosicchè** potremo vederti.	c) così ... che so ..., daß cosicchè so daß

2. Konjunktionen, die den Konjunktiv nach sich führen (vgl. § 31)

prima che	bevor	a condizione che / a patto che	unter der Bedingung, daß
affinchè	damit	sempre che	aber nur, wenn
benchè/sebbene / malgrado (che)	obwohl	purchè	wenn nur / sofern
qualora / nel caso che / caso mai	falls	seppure	selbst wenn / auch wenn
ammesso che / (sup)posto che	gesetzt den Fall / wenn nun	salvo che / a meno che non	außer wenn / es sei denn, daß / sofern nicht
		quasi / come se	als ob
		senza che	ohne daß

3. Konjunktionen, die sowohl Indikativ als auch Konjunktiv nach sich führen

appena	sobald, kaum	perchè	weil; damit
finchè	solange ... bis	se (vgl. § 35)	wenn; ob
in modo che	so/derart, daß	che (vgl. §§ 26–30)	daß

mit Indikativ	mit Konjunktiv (vgl. §§ 26–30)
a) **Appena** lo vide, tacque. **Appena** saprò qualcosa, scriverò.	(Non) **appena** guarisca, partiremo. Lo riconoscerei **appena** lo vedessi.
b) Aspettò **finchè** (non) ebbe finito.	Aspetterà **finchè** (non) abbia finito.
c) Lavorai **in modo che** tutti ne furono contenti.	Farò **in modo che** nessuno se ne accorga. ... so, daß es keiner merkt.
d) Perchè non sei venuto? – **Perchè** ero stanco. Warum? – Weil ...	Ci vado perchè mi piace, **non perchè** debba andarci. ..., nicht weil ... Parla adagio **perchè** io ti capisca. ..., damit ...
e) **Se** ho tempo, verrò. Wenn ich Zeit habe, ... Non so **se** verrà. ..., ob er kommt.	**Se** avessi tempo, verrei. Wenn ich Zeit hätte, ... **Se mai** venisse, dimmelo. Falls ...
f) Dice **che** sono responsabile io. Sicuro **che** viene. È tanto simpatico **che** tutti gli vogliono bene.	Bada **che** Mario faccia il suo compito. Sono contento **che** stia meglio. **Che** tu sia d'accordo o no, poco importa. Ob du nun einverstanden bist oder nicht, ...

Beachte zu a) und b)

Appena und *finchè* werden gelegentlich mit *non* gebraucht, ohne daß sich der Sinn ändert.

Beachte zu f)

1. *Che* hat oft die Bedeutung »als, wenn, seit, bis, wo« (vgl. auch § 108):
   Ogni volta **che** passo di là incontro Paolo. Jedesmal wenn ...
   Devi aspettare **che** gli altri abbiano deciso. Du mußt warten, bis ...
2. *Chè* steht oft für *perchè* weil und *affinchè/perchè* damit:
   Copriti **chè** fa freddo. Zieh dich warm an, (denn) es ist kalt.
   Vieni qui **chè** ti dico una cosa. Komm her, ich will dir etwas sagen.

Die Verneinung (La negazione)

1. non **132**

	non	Objekt-pronomen	Prädikat	
Perchè	non		scrive?	Warum schreibt er nicht?
Gina	non	lo	vuol vedere.	Gina will ihn nicht sehen.
	Non		abbiamo tempo.	Wir haben keine Zeit.
Maria	non	gli	ha dato dei soldi.	Maria hat ihm kein Geld gegeben.

Beachte

a) **Non** ha **che** debiti. / Ha soltanto debiti. ... nichts als / nur Schulden.
b) **Non** studia il russo, **ma** l'italiano. ... nicht ..., sondern ...

2. **no** steht

a) am Satzende anstelle von *non* nicht:
Perchè non scrive? Perchè **no?** Warum nicht?
Vuoi venire con me o **no?** ... oder nicht?
Questo quadro mi piace, ma quello **no.** ... das dort nicht.
b) in der Bedeutung »nein«: È stato ammalato? — **No,** signore. Nein.

Beachte

Devi partire, **se no** perdi il treno. ... wenn nicht/andernfalls/sonst ...

3. **Zweiteilige Verneinung** (vgl. auch Indefinitpronomen § 113)

Non ha **mai** scritto. = Non ha scritto **mai.**	non ... mai	nie (mals)
Non abbiamo **più** tempo.	non ... più	nicht mehr
Non è venuto **nessuno.**	non .. nessuno	niemand
Non abbiamo visto **nulla/niente.**	non ... nulla/niente	nichts
Non l'ho detto **neanche** a Gina.	non ... neanche/neppure	auch nicht,
Non lo sa **nemmeno** il professore.	non ... nemmeno	nicht einmal
Non mi piace **affatto.**	non ... affatto	überhaupt nicht
Non è **mica** brutta. Anzi.	non ... mica	durchaus nicht
Non beve **nè** vino **nè** birra.	non ... nè ...nè	weder ... noch ...

Beachte

a) Wird der zweite Teil der Verneinung dem Verb vorangestellt, so entfällt *non:*
Nessuno è venuto. Keiner/Niemand ist gekommen.
Mai glielo dirò. Nie werde ich es ihm sagen.
Neppure lei è venuta. Auch sie ist nicht gekommen. / Nicht einmal sie ist gekommen.
b) In Verbindung mit *non ... mai* und *senza* haben *nessuno, niente, nulla* positiven Sinn:
Partì *senza* dir **nulla.** ... ohne etwas zu sagen.

Die Wortstellung

1. Die regelmäßige Wortstellung im Aussagesatz 133

	Subjekt	Prädikat	Objekt	
Giovedì scorso	(io)	ho incontrato	lo zio	per strada.
	Mio padre	scriverà	una lettera	al professore.
	Fabio	deve rinunciare		al viaggio,
perchè	sua moglie	ha preso	l'influenza.	

Stellung des direkten und indirekten Objekts s. § 48
Stellung der Adverbien s. § 77

2. Umstellung von Subjekt und Prädikat

Von der regelmäßigen Wortstellung des Aussagesatzes abweichend steht das Subjekt nach dem Prädikat

		Prädikat	Subjekt	
a)		Verranno	anche i nonni.	a) wenn das Subjekt Schwerpunkt der Aussage ist
	Poco dopo	scoppiò	la guerra.	
	Oggi	è arrivato	Carlo.	
b)	»Vengo subito«,	disse	il medico.	b) im Satz, der in die direkte Rede eingeschoben ist
c)	Che ne	dici	(tu)?	d) in Fragesätzen
	Dove	vanno	i tuoi amici?	

Fragesätze mit *perchè* sowie Fragesätze ohne Fragewort haben häufig die regelmäßige Wortstellung des Aussagesatzes:
Perchè non è venuto Roberto? / Perchè Roberto non è venuto?
È tornato lo zio? / Lo zio è tornato?

3. Mittel zur Hervorhebung eines Satzteils

a) Me l'ha detto **Maria.** È stata **Maria che me l'ha detto.** È stata **Maria a dirmelo.**	a) Hervorhebung des Subjekts: Nachstellung (vgl. 2 a), Relativsatz, Infinitivsatz mit *a.*
b) **I miei libri** non **li** presto a nessuno. **Del tuo sbaglio** non **ne** parleremo più. **A teatro** non **ci** vado mai.	b) Hervorhebung des Objekts und der adverbialen Bestimmung: Voranstellung und Wiederaufnahme durch Pronomen (vgl. § 93).

Anhang (Appendice)

Präfixe und Suffixe 134

Wörter können häufig durch geringfügige Änderungen, z. B. durch Anhängen von Vor- und Nachsilben, eine andere Bedeutung annehmen, was hier an einigen Beispielen gezeigt werden soll. Nicht jedes Wort kann jede beliebige Silbe zu sich nehmen.

abile	fähig	**in**abile	unfähig	Umkehrung der
personale	persönlich	**im**personale	unpersönlich	Bedeutung
armare	bewaffnen	**dis**armare	entwaffnen	durch Präfixe wie
sperare	hoffen	**dis**perare	verzweifeln	*in-*, *dis-*, *s-*
l'ordine	Ordnung	il **dis**ordine	Unordnung	
coprire	zu-/bedecken	**s**coprire	auf-/entdecken	
corretto	richtig	**s**corretto	falsch	
la fortuna	Glück	la **s**fortuna	Unglück, Pech	
ordinario	gewöhnlich	**stra**ordinario	außergewöhnlich	Steigerung
ricco	reich	**stra**ricco	steinreich	durch Präfixe wie
il briccone	Gauner	l'**arci**briccone	Erzgauner	*stra-*, *arci-*

la nuvola	Wolke	il nuvol**one**	dicke Wolke	Vergrößerung,
la porta	Tür	il port**one**	Haustür, Tor	Vergröberung
la donna	Frau	il donn**one**	Mannweib	durch das Suffix *-one*
la ragazza	Mädchen	la ragazz**ina**	kleines Mädchen	Verkleinerung,
il cucchiaio	Löffel	il cucchia**ino**	Teelöffel	Verniedlichung
caro	teuer, lieb	car**ino**	hübsch, niedlich	durch Suffixe wie
il carro	Karren	il carr**etto**	Handkarren	*-ino, -a*
la casa	Haus	la cas**etta**	Häuschen	*-etto, -a*
la campana	Glocke	il campan**ello**	Klingel	*-ello, -a*
il vento	Wind	il ventic**ello**	Lüftchen	*-(u)olo, -a*
la figlia	Tochter	la figli**(u)ola**	Töchterchen	*-ellino, -a*
il fiore	Blume	il fior**ellino**	Blümchen	*-ettino, -a*
il pezzo	Stück	il pezz**ettino**	Stückchen	
la spesa	Einkauf	la spes**uccia**	kleine Besorgung	Abschwächung durch
malato	krank	malat**iccio**	kränklich	die Suffixe *-uccio, -a;*
il poeta	Dichter	il poet**astro**	Dichterling	*-iccio, -a; -astro, -a*
il ragazzo	Junge	il ragazz**accio**	Bengel	Abwertung, Verachtung
il tempo	Wetter	il temp**accio**	Sauwetter	durch die Suffixe
la donna	Frau	la donn**accia**	Weibsbild	*-accio, -a; -aglia*
la gente	Leute	la gent**aglia**	Pöbel	

Satzzeichen — Große Anfangsbuchstaben 135

1. Satzzeichen

.	punto	?	punto interrogativo	—	trattino
,	virgola	!	punto esclamativo	» «	virgolette
;	punto e virgola	...	puntini di sospensione	( )	parentesi
:	due punti	——	lineetta	’	apostrofo

Im Italienischen steht das Komma meist dort, wo eine Sprechpause gemacht wird:
Mio padre, nel frattempo, andò a casa. — Mentre io aspettavo, arrivò Enrico.
Vor Nebensätzen steht gewöhnlich kein Komma: Non so se possiamo venire.

2. Große Anfangsbuchstaben

Groß geschrieben werden nur Wörter am Satzanfang sowie Namen und Titel, z. B.
il Mosè di Michelangelo, il Papa, Italia, Roma, Via Veneto, l'Ottocento das 19. Jahrhundert

Ausnahmen

Namen von Wochentagen, Monaten, Nationalitäten und Sprachen sowie Titel, wenn ein Name folgt: lunedì, agosto, il francese, il papa Giovanni XXIII, il signor Vespucci

Beachte. In der höflichen Anrede können Pronomen groß oder klein geschrieben werden:
Che ne dice Lei/lei? Was sagen Sie dazu?

Die wichtigsten unregelmäßigen Verben 136

Unregelmäßigkeiten ergeben sich

1. durch Veränderungen des Verbstammes

a) beim Präsens (Singular und 3. Person Plural), z. B. bei *rimanere* und *andare:*

Indikativ	*Imperativ*	*Konjunktiv*	*Indikativ*	*Imperativ*	*Konjunktiv*
rimango ⟶		**rimanga**	**vado** ⟶		**vada**
rimani ⟶	rimani	**rimanga**	**vai** ⟶	**va'**	**vada**
rimane	**rimanga** ⟵	**rimanga**	**va**	**vada** ⟵	**vada**
rimaniamo	rimaniamo	rimaniamo	andiamo	andiamo	andiamo
rimanete	rimanete	rimaniate	andate	andate	andiate
rimangono	**rimangano** ⟵	**rimangano**	**vanno**	**vadano** ⟵	**vadano**

b) beim Passato remoto (1. und 3. Person Singular und 3. Person Plural, vgl. § 6) sowie beim Partizip Perfekt, z. B. bei *rimanere:*
rimasi, rimanesti, **rimase,** rimanemmo, rimaneste, **rimasero — rimasto**

2. durch Kontraktion beim Futur und beim Konditional, z. B. bei *rimanere:*
rimarrò, rimarrai, rimarrà etc. — **rimarrei, rimarresti, rimarrebbe** etc.

Beachte. Bei einigen Verben werden alle Formen (außer Futur und Konditional) von einer heute nicht mehr verwendeten Infinitivform abgeleitet, z. B. *bere* (bevere): bevo; bevevo; bevuto; bevendo etc. Vgl. auch *condurre, dire, fare, porre*

* Verben, die mit *essere* konjugiert werden
** Verben, die sowohl mit *essere* als auch mit *avere* konjugiert werden

Infinitiv	Präsens	Passato remoto	Partizip Perfekt	
accadere* → *cadere*				
accendere anzünden	accendo	accesi	acceso	
accludere → *chiudere* accogliere *cogliere*				
accorgersi* (be)merken	mi accorgo	mi accorsi	accorto	
accorrere* → *correre* addurre *condurre* aggiungere *giungere*		alludere → *chiudere* ammettere *mettere*		
andare* gehen, fahren	vado vai va andiamo andate vanno	andai	andato	*Konj. Präs.:* vada, andiamo, andiate, vadano *Imperativ:* va', vada, andiamo, andate, vadano *Futur:* andrò *Konditional:* andrei
	Ebenso: andarsene* fortgehen (*Imperativ:* Vattene!)			
appartenere → *tenere*				
apparire* erscheinen	(appaio) (appari) appare (appariamo) (apparite) appaiono	apparve	apparso	*Konj. Präs.:* appaia, appariamo, appariate, appaiano *Das Verb wird auch regelmäßig (mit Stammerweiterung) konjugiert:* apparisce; apparisca
	Ebenso: comparire* erscheinen, scomparire* verschwinden *Regelmäßig:* (di)sparire* verschwinden			
appendere aufhängen	appendo	appesi	appeso	
	Ebenso: dipendere* da abhängen von, sospendere aufhängen, unterbrechen spendere (Geld) ausgeben. *Regelmäßig:* pendere (herab)hängen			
apprendere → *prendere*				
aprire öffnen	apro	aprii	aperto	*Pass. rem. auch:* apersi
	Ebenso: coprire zu-/bedecken, scoprire auf-/entdecken			

Infinitiv	Präsens	Passato remoto	Partizip Perfekt	
ardere brennen	arde	arse	arso	
arrendersi* → *rendere* assalire *salire*				
assistere dabei sein, beistehen	assisto	assistei	assistito	
	Ebenso: consistere* di bestehen aus, esistere* existieren insistere (su) bestehen auf, resistere a standhalten, widerstehen			
assolvere → *risolvere* assumere *presumere*	astenersi* → *tenere* attendere *tendere*			
bere trinken	bevo bevi beve beviamo bevete bevono	bevvi	bevuto	*Futur:* berrò *Konditional:* berrei *Alle weiteren Formen werden vom alten Infinitiv »bevere« abgeleitet, z.B.* *Imperfekt:* bevevo
cadere* fallen	cado	caddi	caduto	
	Ebenso: accadere* geschehen, scadere* fällig werden, ablaufen			
chiedere fragen, verlangen	chiedo	chiesi	chiesto	
chiudere schließen	chiudo	chiusi	chiuso	
	Ebenso: accludere beifügen, concludere (Vertrag) abschließen escludere ausschließen, includere (mit)einschließen, socchiudere (Tür) anlehnen, alludere a anspielen auf, deludere (ent)täuschen			
cogliere pflücken, fassen	colgo cogli coglie cogliamo cogliete colgono	colsi	colto	*Konj. Präs.:* colga, cogliamo, cogliate, colgano
	Ebenso: accogliere aufnehmen, empfangen, raccogliere sammeln, ernten			
commettere → *mettere* comparire *apparire* comporre *porre*				

Infinitiv	Präsens	Passato remoto	Partizip Perfekt	
comprendere → *prendere*	comprimere → *esprimere*			
concedere zugestehen, gewähren	concedo	concessi	concesso	
	Ebenso: succedere* geschehen *Regelmäßig:* succedere* a (nach)folgen, cedere nachgeben, abtreten			
concludere → *chiudere*	concorrere** → *correre*			
condurre führen	conduco conduci conduce conduciamo conducete conducono	condussi	condotto	*Futur:* condurrò *Konditional:* condurrei *Alle weiteren Formen werden vom alten Infinitiv »ducere« abgeleitet, z.B.* *Imperfekt:* conducevo
	Ebenso: addurre beifügen, vorbringen, dedurre ableiten, abziehen indurre a veranlassen zu, introdurre einführen, produrre erzeugen ridurre zurückführen, riprodurre reproduzieren, sedurre verführen tradurre übersetzen			
confondere verwirren, verwechseln	confondo	confusi	confuso	
	Ebenso: fondere schmelzen, diffondere verbreiten, übertragen (Radio)			
congiungere → *giungere*				
connettere verbinden	connetto	connessi/ connettei	connesso	
	Ebenso: annettere anschließen, annektieren			
conoscere kennen (lernen)	conosco	conobbi	conosciuto	
	Ebenso: riconoscere (an)erkennen			
consistere* → *assistere* contenere *tenere* contraddire *dire* contrarre *trarre*	convenire* → *venire* convincere *vincere* coprire *aprire* correggere *reggere*			
correre** laufen	corro	corsi	corso	
	Ebenso: accorrere* herbeilaufen, concorrere mitwirken, konkurrieren discorrere erörtern, occorrere* erforderlich sein, percorrere durchlaufen ricorrere a zurücklaufen, zurückgreifen auf, scorrere* fließen soccorrere** helfen, trascorrere** (Zeit) verstreichen, verbringen			

Infinitiv	Präsens	Passato remoto	Partizip Perfekt	
corrispondere → *rispondere* costringere → *stringere*				
crescere** wachsen	cresco	crebbi	cresciuto	
	Ebenso: accrescere ** zunehmen, vermehren decrescere ** abnehmen, weniger werden, rincrescere* leid tun			
cuocere kochen, backen, (Ton) brennen	cuocio cuoci cuoce cociamo cocete cuociono	cossi	cotto	*Konj. Präs.:* cuocia, cociamo, cociate, cuociano *Bei Formen, die auf der Endung betont werden, entfällt »u« vor »o«, z. B. Imperfekt:* cocevo
dare geben	do dai dà diamo date danno	detti desti dette demmo deste dettero	dato	*Konj. Präs.:* dia, diamo, diate, diano *Imperativ:* da', diamo, date, diano *Futur:* darò; *Kond.:* darei *Konj. Imperf.:* dessi *Pass. rem. auch:* diedi
decidere beschließen	decido	decisi	deciso	
	Ebenso: uccidere töten			
dedurre → *condurre* descrivere → *scrivere* deludere *chiudere*				
difendere verteidigen	difendo	difesi	difeso	
	Ebenso: offendere beleidigen, verletzen			
diffondere → *confondere* dipendere* → *appendere*				
dipingere malen	dipingo	dipinsi	dipinto	
dire sagen	dico dici dice diciamo dite dicono	dissi	detto	*Imperativ:* di', dica, diciamo, dite, dicano *Futur:* dirò. *Kond.:* direi *Alle weiteren Formen werden vom alten Infinitiv »dicere« abgeleitet, z. B.* dicevo
	Ebenso: benedire segnen, contraddire widersprechen, maledire fluchen predire vorhersagen			

Infinitiv	Präsens	Passato remoto	Partizip Perfekt	
dirigere lenken	dirigo	diressi	diretto	
	Ebenso: erigere errichten			
discutere erörtern	discuto	discussi	discusso	
dispiacere* →	*piacere*	dissuadere →	*persuadere*	
disporre	*porre*	distendere	*tendere*	
dissolvere	*risolvere*			
distinguere unterscheiden, auszeichnen	distinguo	distinsi	distinto	
	Ebenso: estinguere (aus)löschen			
distogliere →	*togliere*			
distrarre	*trarre*			
distruggere zerstören	distruggo	distrussi	distrutto	
divenire* →	*venire*			
dividere teilen	divido	divisi	diviso	
dovere müssen, sollen, schulden	devo/debbo devi deve dobbiamo dovete devono/debbono	dovei/ dovetti	dovuto	*Konj. Präs.:* deva/debba, dobbiamo, dobbiate, devano/debbano *Futur:* dovrò *Konditional:* dovrei
eleggere →	*leggere*	escludere →	*chiudere*	
erigere	*dirigere*	esistere*	*assistere*	
espellere ausstoßen	espello	espulsi	espulso	
esplodere** explodieren	esplode	esplose	esploso	
esprimere ausdrücken	esprimo	espressi	espresso	
	Ebenso: comprimere zusammendrücken, verdichten, imprimere drucken opprimere unterdrücken, sopprimere abschaffen, beseitigen			

Infinitiv	Präsens	Passato remoto	Partizip Perfekt	
fare tun, machen	faccio fai fa facciamo fate fanno	feci	fatto	*Konj. Präs.:* faccia, facciamo, facciate, facciano *Imperativ:* fa',.., fate *Fut.:* farò. *Kond.:* farei *Weitere Formen werden vom alten Infinitiv »facere« abgeleitet, z. B.* facevo
	Ebenso: contraffare nachmachen, fälschen, disfare auseinandermachen soddisfare zufriedenstellen *(Präs.:* soddisf(acci)o, *Fut.:* soddisferò)			
giacere →	*piacere*			
giungere** ankommen, erreichen	giungo	giunsi	giunto	
	Ebenso: aggiungere hinzufügen, congiungere vereinigen, verbinden raggiungere einholen, erreichen			
godere sich amüsieren	godo	godei	goduto	*Futur:* godrò *Konditional:* godrei
imporre → imprimere includere indurre	*porre* *esprimere* *chiudere* *condurre*	insistere → intendere interrompere introdurre	*assistere* *tendere* *rompere* *condurre*	
invadere einfallen in	invado	invasi	invaso	
involgere →	*volgere*	iscriversi* →	*scrivere*	
leggere lesen	leggo	lessi	letto	
	Ebenso: eleggere wählen (zu), negligere vernachlässigen			
mettere setzen, stellen, legen, anziehen	metto	misi	messo	
	Ebenso: ammettere einräumen, zugestehen, commettere (Fehler) begehen emettere aussenden, omettere weg-/auslassen, permettere erlauben scommettere wetten, smettere aufhören, trasmettere übermitteln			
mordere beißen	mordo	morsi	morso	
morire* sterben	muoio muori muore moriamo morite muoiono	morii	morto	*Konj. Präs.:* muoia, moriamo, moriate, muoiano *Futur:* morrò/morirò *Konditional:* morrei/morirei

Infinitiv	Präsens	Passato remoto	Partizip Perfekt	
muovere bewegen	muovo muovi muove m(u)oviamo m(u)ovete muovono	mossi	mosso	*Bei Formen, die auf der Endung betont werden, entfällt gewöhnlich »u« vor »o«, z. B. Imperfekt:* movevo
	Ebenso: commuovere erregen, bewegen, promuovere befördern rimuovere entfernen, abbringen			
nascere* geboren werden	nasco	nacqui	nato	
nascondere verstecken	nascondo	nascosi	nascosto	
nuocere schaden	n(u)occio nuoci nuoce noc(c)iamo nocete n(u)occiono	nocqui	nociuto	*Bei Formen, die auf der Endung betont werden, entfällt gewöhnlich »u« vor »o«, z. B. Imperfekt:* nocevo
occorrere* → *correre* offendere *difendere*				
offrire anbieten	offro	offrii/ offersi	offerto	
omettere → *mettere* opporre *porre* opprimere *esprimere* ottenere *tenere*				
parere* den Anschein haben	(paio) (pari) pare (pa(r)iamo) (parete) paiono	parve	parso	*Konj. Präs.:* paia ... paiano *Futur:* parrà *Konditional:* parrebbe
percuotere → *scuotere*				
perdere verlieren	perdo	perde(tt)i/ persi	perduto/ perso	
permettere → *mettere*				

Infinitiv	Präsens	Passato remoto	Partizip Perfekt	
persuadere überreden	persuado	persuasi	persuaso	
	Ebenso: dissuadere qn jdm abraten			
piacere* gefallen	piaccio piaci piace piac(c)iamo piacete piacciono	piacqui	piaciuto	*Konj. Präs.:* piaccia, piac(c)iamo, piac(c)iate, piacciano
	Ebenso: compiacere* gefällig sein, (di)spiacere* mißfallen, leid tun giacere liegen, ruhen			
piangere weinen	piango	piansi	pianto	
piovere** regnen	piove	piovve	piovuto	
porre setzen, stellen legen	pongo poni pone poniamo ponete pongono	posi	posto	*Konj. Präs.:* ponga, poniamo, poniate, pongano *Fut.:* porrò. *Kond.:* porrei *Weitere Formen werden vom alten Infinitiv »ponere« abgeleitet, z. B.* ponevo
	Ebenso: comporre zusammensetzen, komponieren, deporre niederlegen, disporre disponieren, verfügen, esporre ausstellen, imporre auferlegen, opporre Widerstand leisten, proporre vorschlagen, proporsi* sich vornehmen, supporre annehmen, vermuten			
possedere	→ *sedersi*			
potere können	posso puoi può possiamo potete possono	potei	potuto	*Konj. Präs.:* possa, possiamo, possiate, possano *Futur:* potrò *Konditional:* potrei
prendere nehmen	prendo	presi	preso	
	Ebenso: apprendere erfahren, lernen, comprendere begreifen intraprendere unternehmen, riprendere wieder (auf)nehmen, sorprendere überraschen			
presumere vermuten	presumo	presunsi	presunto	
	Ebenso: assumere annehmen, vermuten, riassumere zusammenfassen			

Infinitiv	Präsens	Passato remoto	Partizip Perfekt	
pretendere →	*tendere*	promettere →	*mettere*	
prevenire**	*venire*	proporre	*porre*	
produrre	*condurre*	provenire*	*venire*	
proteggere beschützen	proteggo	protessi	protetto	
provvedere →	*vedere*			
raccogliere	*cogliere*			
raggiungere	*giungere*			
reggere halten, stützen, regieren	reggo	ressi	retto	
	Ebenso: correggere korrigieren, sorreggere stützen, halten			
rendere zurückgeben, machen (zu)	rendo	resi	reso	
	Ebenso: arrendersi* sich ergeben			
resistere →	*assistere*	restringere →	*stringere*	
respingere	*spingere*	riconoscere	*conoscere*	
ridere lachen	rido	risi	riso	
	Ebenso: deridere verspotten, sorridere lächeln			
ridurre →	*condurre*			
riempire (aus)füllen	riempio riempi riempe riempiamo riempite riempiono	riempii	riempito	*Konj. Präs.:* riempia *Gerundium:* riempiendo
	Ebenso: empi(e)re (er)füllen, compi(e)re erfüllen, vollenden			
riflettere a) widerspiegeln b) überlegen	rifletto	riflessi/ riflettei	a) riflesso b) riflettuto	
rimanere* bleiben	rimango rimani rimane rimaniamo rimanete rimangono	rimasi	rimasto	*Konj. Präs.:* rimanga, rimaniamo, rimaniate, rimangano *Futur:* rimarrò *Konditional:* rimarrei

Infinitiv	Präsens	Passato remoto	Partizip Perfekt	
rimuovere → rincrescere*	*muovere* *crescere*			
risolvere beschließen	risolvo	risolsi	risolto	
	Ebenso: assolvere lossprechen, dissolvere auflösen			
rispondere antworten	rispondo	risposi	risposto	
	Ebenso: corrispondere entsprechen, korrespondieren			
ritenere → ritrarre riuscire* rivolgersi*	*tenere* *trarre* *uscire* *volgere*			
rompere (zer)brechen	rompo	ruppi	rotto	
	Ebenso: corrompere korrumpieren, interrompere unterbrechen			
salire** (be)steigen	salgo sali sale saliamo salite salgono	salii	salito	*Konj. Präs.:* salga, saliamo, saliate, salgano
	Ebenso: assalire angreifen, überfallen			
sapere wissen	so sai sa sappiamo sapete sanno	seppi	saputo	*Konj. Präs.:* sappia, sappiamo, sappiate, sappiano *Imperativ:* sappi, sappiate *Futur:* saprò *Konditional:* saprei
scegliere (aus)wählen	scelgo scegli sceglie scegliamo scegliete scelgono	scelsi	scelto	*Konj. Präs.:* scelga, scegliamo, scegliate, scelgano
scendere* hinabsteigen, aussteigen	scendo	scesi	sceso	
	Ebenso: discendere* hinabsteigen, abstammen			

Infinitiv	Präsens	Passato remoto	Partizip Perfekt	
sciogliere lösen	sciolgo sciogli scioglie sciogliamo sciogliete sciolgono	sciolsi	sciolto	*Konj. Präs.:* sciolga, sciogliamo, sciogliate, sciolgano
scommettere → scomparire*	*mettere* *apparire*	scoprire* → scorrere*	*aprire* *correre*	
scrivere schreiben	scrivo	scrissi	scritto	
	Ebenso: descrivere beschreiben, iscriversi* sich einschreiben prescrivere vorschreiben, verschreiben			
scuotere schütteln	scuoto	scossi	scosso	
	Ebenso: percuotere schlagen, hauen			
sedersi* sich setzen	mi siedo ti siedi si siede ci sediamo vi sedete si siedono	mi sedei/ mi sedetti	seduto	*Konj. Präs.:* mi/ti/si sieda, ci sediamo, vi sediate, si siedano *Bei Formen, die auf der Endung betont werden, wird kein »i« eingeschoben.*
	Ebenso: possedere besitzen			
sedurre → smettere	*condurre* *mettere*	soccorrere → soddisfare	*correre* *fare*	
soffrire leiden	soffro	soffrii	sofferto	
sopprimere → sorprendere	*esprimere* *prendere*	sorridere → sospendere	*ridere* *appendere*	
spargere (aus)streuen	spargo	sparsi	sparso	
	Ebenso: cospargere bestreuen, besprengen			
spegnere spengere löschen	spengo/ spegno	spensi	spento	
spendere →	*appendere*			
spingere stoßen	spingo	spinsi	spinto	
	Ebenso: respingere zurückstoßen, abweisen			

Infinitiv	Präsens	Passato remoto	Partizip Perfekt	
stare* stehen, sein	sto stai sta stiamo state stanno	stetti stesti stette stemmo steste stettero	stato	*Konj. Präs.:* stia, stiamo, stiate, stiano *Imperativ:* sta', stia, stiamo, stiate, stiano *Konj. Imperf.:* stessi *Regelmäßig:* restare bleiben
stendere → *tendere*				
stringere drücken	stringo	strinsi	stretto	
	Ebenso: costringere zwingen, restringere be-/einschränken			
succedere* → *concedere* supporre *porre*	svolgere → *volgere*			
tacere schweigen	taccio taci tace taciamo tacete tacciono	tacqui	taciuto	*Konj. Präs.:* taccia, taciamo, taciate, tacciano
tendere (aus)strecken, streben nach	tendo	tesi	teso	
	Ebenso: attendere (er)warten, distendersi* sich ausstrecken estendere ausdehnen, intendere verstehen, meinen pretendere verlangen, behaupten, stendere ausbreiten			
tenere halten	tengo tieni tiene teniamo tenete tengono	tenni	tenuto	*Konj. Präs.:* tenga, teniamo, teniate, tengano *Imperativ:* tieni *Futur:* terrò *Konditional:* terrei
	Ebenso: appartenere**a gehören, astenersi* di sich enthalten attenersi* a sich halten an, contenere enthalten, ottenere bekommen, ritenere behalten, sostenere behaupten, stützen, trattenere zurückhalten			
togliere wegnehmen	tolgo togli toglie togliamo togliete tolgono	tolsi	tolto	*Konj. Präs.:* tolga, togliamo, togliate, tolgano *Ebenso:* togliersi* qc sich etw ausziehen distogliere ablenken

Infinitiv	Präsens	Passato remoto	Partizip Perfekt	
torcere winden	torco	torsi	torto	
tradurre → *condurre*				
trarre ziehen	traggo trai trae traiamo traete traggono	trassi	tratto	*Konj. Präs.:* tragga, traiamo, traiate, traggano *Fut.:* trarrò. *Kond.:* trarrei *Weitere Formen werden vom alten Infinitiv »traere« abgeleitet, z. B.* traevo
	Ebenso: contrarre zusammenziehen, distrarre zerstreuen estrarre herausziehen, ritrarre zurückziehen			
trasmettere → *mettere* trattenere *tenere*		uccidere → *decidere*		
udire hören	odo odi ode udiamo udite odono	udii	udito	*Konj. Präs.:* oda, udiamo, udiate, odano
uscire* (hin)ausgehen	esco esci esce usciamo uscite escono	uscii	uscito	*Konj. Präs.:* esca, usciamo, usciate, escano *Imperativ:* esci
	Ebenso: riuscire* gelingen			
valere* wert sein, gelten	valgo vali vale valiamo valete valgono	valsi	valso	*Konj. Präs.:* valga, valiamo, valiate, valgano *Futur:* varrò *Konditional:* varrei
vedere sehen	vedo	vidi	visto	*Futur:* vedrò *Konditional:* vedrei
	Ebenso (aber mit regelmäßigem Futur und Konditional): prevedere voraussehen, provvedere sorgen für, beschaffen			

Infinitiv	Präsens	Passato remoto	Partizip Perfekt	
venire* kommen	vengo vieni viene veniamo venite vengono	venni	venuto	*Konj. Präs.:* venga, veniamo, veniate, vengano *Imperativ:* vieni *Futur:* verrò *Konditional:* verrei
	Ebenso: convenire* zusammenpassen, sich schicken, divenire* werden, intervenire einschreiten, prevenire** zuvorkommen, benachrichtigen provenire* herstammen, svenire* ohnmächtig werden			
vincere siegen	vinco	vinsi	vinto	
	Ebenso: convincere überzeugen			
vivere** leben	vivo	vissi	vissuto	
volere wollen	voglio vuoi vuole vogliamo volete vogliono	volli	voluto	*Konj. Präs.:* voglia, vogliamo, vogliate, vogliano *Futur:* vorrò *Konditional:* vorrei
volgere (um)wenden	volgo	volsi	volto	
	Ebenso: avvolgere umwickeln, involgere einwickeln, rivolgersi* a sich wenden an, svolgersi* sich abwickeln, verlaufen			

Wort- und Sachregister

Unregelmäßige Verben s. § 136

Bedeutung der Abkürzungen:
best. Art. = bestimmter Artikel; dir. Obj. = direktes Objekt: fem. = feminin/weiblich; Ind. = Indikativ; indir. Obj. = indirektes Objekt; Inf. = Infinitiv; Konj. = Konjunktiv; konj. = konjugiert; mask. = maskulin/männlich; Pl. = Plural; präd. Erg. = prädikative Ergänzung; Pron. = Pronomen; qc = qualcosa; qn = qualcuno

Bedeutung der Verweise: 16–19 = §§ 16–19; S. 122 = Seite 122

Grammatische Ausdrücke (Terminologia grammaticale)

Abstrakta *i nomi astratti*
Adjektiv (Eigenschaftswort) *l'aggettivo*
adjektivisch *in funzione di aggettivo*
Adverb (Umstandswort) *l'avverbio*
adverbiale Bestimmung (Umstandsbestimmung) *il complemento avverbiale*
Adverbien der Art und Weise *gli avverbi di modo / maniera*
Aktiv (Tatform) *la forma attiva*
Akzent (Betonungszeichen) *l'accento*
Artikel (Geschlechtswort) *l'articolo*
Attribut (Beifügung) *l'attributo*
attributiv *in funzione di attributo*
Aufzählung *l'enumerazione*
Ausdruck *l'espressione, la locuzione*
Ausnahme *l'eccezione*
Aussagesatz *la proposizione dichiarativa*
Aussprache *la pronuncia*
Bedeutung *il significato, il senso*
Bedingung *la condizione*
Bedingungssatz *la proposizione condizionale, il periodo ipotetico*
bejahend, bejaht *affermativo*
Besonderheit *la particolarità*
bestimmter Artikel *l'articolo determinativo*
Betonung *l'accento*
Bruchzahlen *le frazioni*
Demonstrativpronomen (hinweisendes Fürwort)
  substantivisch: *il pronome dimostrativo*
  adjektivisch: *l'aggettivo dimostrativo*
Dezimalbrüche *le frazioni decimali*
direkte Rede (wörtliche Rede) *il discorso diretto*
direktes Objekt (Ergänzung) *il complemento diretto*
Eigennamen *i nomi propri*
Endung *la desinenza*
Femininum *il femminile*
  weibl. Geschlecht *il genere femminile*
  weibl. Hauptwort *il sostantivo femminile*
Formen *le forme*
Fragesatz *la proposizione interrogativa*
Futur I (Zukunft) *il futuro semplice*
Futur II *il futuro anteriore*
Gattungsnamen *i nomi comuni*
gemeine Brüche *le frazioni comuni*
Gerundium *il gerundio*
  der Gegenwart: *il gerundio presente*
  der Vergangenheit: *il gerundio passato*
Geschlecht (Genus) *il genere*
großer Anfangsbuchstabe *la maiuscola*
Grundzahlen *i numeri cardinali*
Hauptsatz *la proposizione principale*
Hilfsverb (Hilfszeitwort) *l'ausiliare*
Höflichkeitsform *la forma di cortesia*
Imperativ (Befehlsform) *l'imperativo*
Imperfekt (Vergangenheit) *l'imperfetto*
indefinites Pronomen (unbestimmtes Fürwort)
  substantivisch: *il pronome indefinito*
  adjektivisch: *l'aggettivo indefinito*
indirekte Rede (abhängige Rede) *il discorso indiretto*
indirektes Objekt (Ergänzung) *il complemento indiretto*
Infinitiv (Grundform) *l'infinito*
Interrogativpronomen (Fragefürwort)
  substantivisch: *il pronome interrogativo*
  adjektivisch: *l'aggettivo interrogativo*
intransitive Verben *i verbi intransitivi*
Kausalsatz (Adverbialsatz des Grundes) *la proposizione causale*
kleiner Anfangsbuchstabe *la minuscola*
Komparativ (erste Steigerungsstufe) *il comparativo*
Konditional I (Bedingungsform) *il condizionale presente*
Konditional II *il condizionale passato*
Konjugation (Beugung) *la coniugazione*
Konjunktion (Bindewort) *la congiunzione*
  nebenordnend: *congiunzione coordinativa*
  unterordnend: *congiunzione subordinativa*
Konjunktiv (Möglichkeitsform) *il congiuntivo*
Konsonant (Mitlaut) *la consonante*
Konstruktion *la costruzione*
konzessiv (einräumend) concessivo
Maskulinum *il maschile*
  männl. Geschlecht *il genere maschile*
  männl. Hauptwort *il sostantivo maschile*